l'Atelier de Vocabulaire

Cahier d'exercices

Marianne André-Kérébel
Psychologue scolaire

Fanny De La Haye-Nicolas
Maître de conférences
en psychologie cognitive

Marie-Christine Pellé
Inspectrice de l'Éducation nationale

Le papier de cet ouvrage est composé de fibres naturelles, renouvelables, fabriquées à partir de bois provenant de forêts gérées de manière responsable.

La photocopie de cet ouvrage en tout ou partie n'est pas autorisée par les Éditions NATHAN. Pour mémoire, la photocopie non autorisée est un délit punissable par la Loi.

Nathan

AVANT-PROPOS

L'objectif de ce cahier de vocabulaire est de permettre une amélioration des compétences en lecture, en compréhension orale et écrite et en production écrite grâce à un **enrichissement lexical** et une meilleure connaissance des mots.

Plusieurs travaux de recherche attestent l'importance des connaissances lexicales pour la réussite scolaire. Lieury (1997) a d'ailleurs mis en évidence des corrélations plus importantes entre connaissances lexicales et réussite scolaire qu'entre niveau intellectuel et réussite scolaire. Le lexique joue un rôle fondamental dans la lecture et la compréhension. Les enfants qui disposent du lexique le plus étendu sur un domaine donné sont ceux qui comprennent le mieux les textes relatifs à ce domaine. Le problème du lexique a été identifié par de nombreux chercheurs comme étant un obstacle à la compréhension et devant donc être traité comme une priorité (Goigoux, 2000 ; Fayol et Morais, 2004).

Les programmes de l'école primaire 2008 soulignent qu'« *en étendant son vocabulaire, l'élève accroît sa capacité à se repérer dans le monde qui l'entoure, à mettre des mots sur ses expériences, ses opinions et ses sentiments, à comprendre ce qu'il écoute et ce qu'il lit, et à s'exprimer de façon précise à l'oral comme à l'écrit.* »

1 PRINCIPES PÉDAGOGIQUES

Une répartition par thèmes et par objectifs

Le cahier de vocabulaire CE1 accompagne les élèves, à leur rythme, dans l'acquisition progressive du vocabulaire qui doit faire l'objet, dès les premières années, d'un apprentissage spécifique et structuré.

Neuf thèmes ont été retenus : la musique, les animaux, le jardin, les aliments, les paysages, la ville, les transports, le corps humain et les sports.

Chaque thème est décliné en **7 objectifs** : *Objectif 1* : J'enrichis mon vocabulaire, *Objectif 2* : J'apprends à catégoriser, *Objectif 3* : J'apprends à construire des mots, *Objectif 4* : Je comprends les homonymes, les expressions ou les contraires, *Objectif 5* : Je comprends les synonymes ou les homonymes, *Objectif 6* : J'apprends à ranger les mots par ordre alphabétique et *Objectif 7* : Je mémorise les mots que j'ai appris.

L'ensemble de ces objectifs a pour but d'enrichir le stock lexical des élèves de CE1 tout en leur permettant de comprendre les relations que les mots entretiennent entre eux et de les revoir plusieurs fois dans des contextes différents afin de les mémoriser, par le biais de la décomposition morphologique, de l'apprentissage en contexte et de la catégorisation.

Objectif 1 : J'enrichis mon vocabulaire

Cet objectif va permettre aux élèves d'enrichir leur lexique thématique. Les élèves vont ainsi découvrir de nouveaux mots dans chacune des thématiques abordées par le biais, notamment, de devinettes.

Objectif 2 : J'apprends à catégoriser

L'objectif est ici d'apprendre aux élèves à organiser et ordonner les nouveaux mots découverts pour que ceux-ci deviennent un vocabulaire actif. La catégorisation sert donc à créer des catégories, à hiérarchiser les nouveaux mots pour qu'ils soient plus facilement réutilisables et reconnaissables par l'élève.

Objectif 3 : J'apprends à construire des mots

Cet objectif vise à étudier la dimension morphologique de notre langue en abordant notamment quelques suffixes, préfixes et mots de la même famille, etc. La recherche montre aujourd'hui qu'un enseignement systématique à l'analyse morphologique constitue une piste de travail très prometteuse pour l'enseignement du vocabulaire.

Objectifs 4 et 5 : Je comprends les homonymes, les synonymes, les contraires ou les expressions

Ces objectifs vont permettre aux élèves de comprendre comment les mots de notre langue sont construits et quelles relations ils entretiennent entre eux.

© Nathan, 25 avenue Pierre de Coubertin, 75013 Paris – 2013
© Nathan, 2015 pour la présente impression
ISBN : 978-2-09-122665-1

Objectif 6 : J'apprends à ranger les mots (ordre alphabétique).

Cet objectif va permettre aux élèves d'apprendre ou d'asseoir leurs connaissances de l'ordre alphabétique, ce qui les aidera dans l'utilisation du dictionnaire avec lequel ils ont commencé à se familiariser dès l'année de CP.

Objectif 7 : Je mémorise les mots que j'ai appris.

Le but est de permettre aux élèves de revoir les mots nouveaux découverts dans chaque unité dans d'autres contextes et d'en écrire certains d'entre eux en contexte.

Un entraînement individualisé

Les différents objectifs peuvent être abordés successivement ou en parallèle, selon les besoins des élèves ou les choix des enseignants. L'organisation du cahier prend en compte l'hétérogénéité de la classe en proposant à chaque élève des niveaux d'activités adaptés à ses compétences.

Ainsi, pour chaque objectif, les exercices sont déclinés en trois niveaux de difficulté : niveau ☆ (simple), niveau ☆ ☆ (degré de difficulté légèrement supérieur) ; les exercices de niveau ☆☆ proposent, quant à eux, des activités plus complexes, requérant des compétences de compréhension plus fine en vocabulaire.

Une vision claire des résultats

À la fin de chaque exercice, un système de codage simple des résultats permet à l'enfant d'apprendre peu à peu à s'auto-évaluer en s'appuyant sur les corrigés (disponibles sous la forme d'un cahier autocorrectif ou sur le site www.nathan.fr/atelier-lecture).

En reportant ses scores dans la grille de suivi, il peut visualiser son parcours d'apprentissage, ses réussites et ses faiblesses.

2 CONSEILS D'UTILISATION

La mise en œuvre des activités de vocabulaire

En début d'année, les consignes et les exercices pourront être lus par l'enseignant qui jugera, selon l'habileté de ses élèves, leurs besoins et la difficulté des exercices travaillés, s'il doit donner un exemple ou faire travailler une partie de l'exercice ou de l'activité en collectif.

Après une résolution individuelle des exercices par les élèves, un temps de verbalisation et de mutualisation collective mené par l'enseignant s'avère nécessaire pour que les élèves puissent s'approprier les connaissances lexicales abordées.

L'utilisation du cahier

Chaque thème doit être introduit collectivement par l'enseignant ; notamment la lecture et l'explication de l'imagier.

Plusieurs pistes possibles d'utilisation :
- Ce cahier peut être utilisé comme un support au service d'un projet thématique étudié par l'enseignant. Il devient alors une aide au transfert des connaissances.
- Le cahier peut être utilisé comme un outil ressource pour un enrichissement lexical qui sera ensuite prolongé par des réinvestissements en production d'écrit.
- La page imagier présentée au début de chaque thématique peut constituer le point de départ du travail de l'enseignant et les exercices proposés dans chaque thème peuvent être ensuite utilisés comme un outil d'évaluation (sélection et différenciation possibles).

La correction

La correction collective (en groupe classe ou en groupes de besoins) doit donner lieu à une verbalisation et une explicitation des stratégies.

Les auteurs

SOMMAIRE

1. La musique 6
Objectif 1 : J'enrichis mon vocabulaire. 7
Objectif 2 : J'apprends à catégoriser. 8
Objectif 3 : J'apprends à construire des mots. 9
Objectif 4 : Je comprends les homonymes. 10
Objectif 5 : Je comprends les synonymes. 11
Objectif 6 : J'apprends à ranger les mots par ordre alphabétique. 12
Objectif 7 : Je mémorise les mots que j'ai appris. 13

2. Les animaux 14
Objectif 1 : J'enrichis mon vocabulaire. 15
Objectif 2 : J'apprends à catégoriser. 16
Objectif 3 : J'apprends à construire des mots. 17
Objectif 4 : Je comprends les expressions. 18
Objectif 5 : Je comprends les synonymes. 19
Objectif 6 : J'apprends à ranger les mots par ordre alphabétique. 20
Objectif 7 : Je mémorise les mots que j'ai appris. 21

3. Le jardin 22
Objectif 1 : J'enrichis mon vocabulaire. 23
Objectif 2 : J'apprends à catégoriser. 24
Objectif 3 : J'apprends à construire des mots. 25
Objectif 4 : Je comprends les contraires. 26
Objectif 5 : Je comprends les synonymes. 27
Objectif 6 : J'apprends à ranger les mots par ordre alphabétique. 28
Objectif 7 : Je mémorise les mots que j'ai appris. 29

4. Les aliments 30
Objectif 1 : J'enrichis mon vocabulaire. 31
Objectif 2 : J'apprends à catégoriser. 32
Objectif 3 : J'apprends à construire des mots. 33
Objectif 4 : Je comprends les contraires. 34
Objectif 5 : Je comprends les synonymes. 35
Objectif 6 : J'apprends à ranger les mots par ordre alphabétique. 36
Objectif 7 : Je mémorise les mots que j'ai appris. 37

5. Les paysages 38
Objectif 1 : J'enrichis mon vocabulaire. 39
Objectif 2 : J'apprends à catégoriser. 40
Objectif 3 : J'apprends à construire des mots. 41
Objectif 4 : Je comprends les homonymes. 42

Objectif 5 : Je comprends les synonymes. *43*
Objectif 6 : J'apprends à ranger les mots par ordre alphabétique. *44*
Objectif 7 : Je mémorise les mots que j'ai appris. *45*

6. La ville *46*
Objectif 1 : J'enrichis mon vocabulaire. *47*
Objectif 2 : J'apprends à catégoriser. *48*
Objectif 3 : J'apprends à construire des mots. *49*
Objectif 4 : Je comprends les contraires. *50*
Objectif 5 : Je comprends les synonymes. *51*
Objectif 6 : J'apprends à ranger les mots par ordre alphabétique. *52*
Objectif 7 : Je mémorise les mots que j'ai appris. *53*

7. Les transports *54*
Objectif 1 : J'enrichis mon vocabulaire. *55*
Objectif 2 : J'apprends à catégoriser. *56*
Objectif 3 : J'apprends à construire des mots. *57*
Objectif 4 : Je comprends les contraires. *58*
Objectif 5 : Je comprends les synonymes. *59*
Objectif 6 : J'apprends à ranger les mots par ordre alphabétique. *60*
Objectif 7 : Je mémorise les mots que j'ai appris. *61*

8. Le corps humain *62*
Objectif 1 : J'enrichis mon vocabulaire. *63*
Objectif 2 : J'apprends à catégoriser. *64*
Objectif 3 : J'apprends à construire des mots. *65*
Objectif 4 : Je comprends les expressions. *66*
Objectif 5 : Je comprends les homonymes. *67*
Objectif 6 : J'apprends à ranger les mots par ordre alphabétique. *68*
Objectif 7 : Je mémorise les mots que j'ai appris. *69*

9. Les sports *70*
Objectif 1 : J'enrichis mon vocabulaire. *71*
Objectif 2 : J'apprends à catégoriser. *72*
Objectif 3 : J'apprends à construire des mots. *73*
Objectif 4 : Je comprends les contraires. *74*
Objectif 5 : Je comprends les homonymes. *75*
Objectif 6 : J'apprends à ranger les mots par ordre alphabétique. *76*
Objectif 7 : Je mémorise les mots que j'ai appris. *77*

Grilles de suivi élève *78*

1. La musique

Les instruments à cordes

un piano	 une mandoline	 une guitare	 une harpe
 un violon	 un violoncelle	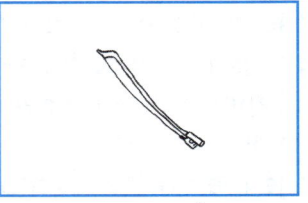 un archet	 un chef d'orchestre

Les instruments à vent

une trompette	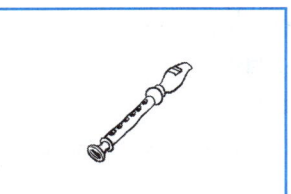 une flûte	 une clarinette	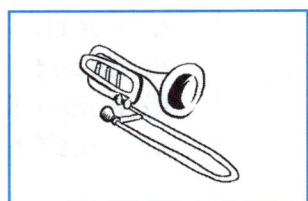 un trombone
 un accordéon	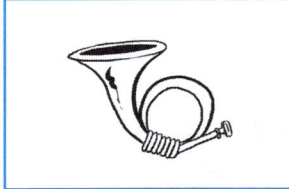 un cor	 un harmonica	 une partition

Les instruments à percussion

une cloche	 un xylophone	 des mailloches	 un tambour
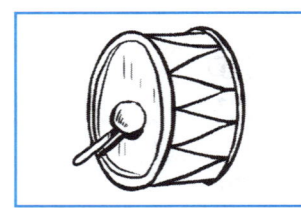 une grosse caisse	 un tam-tam	 une batterie	 une chorale

Objectif 1 : J'enrichis mon vocabulaire.

★ **Dessine** un ◯, un ▢ ou une ✖ sous le dessin qui correspond à la définition. Attention, il y a un intrus !

◯ : C'est un instrument de musique qui sonne.
▢ : C'est un instrument de musique sur lequel on frappe.
✖ : C'est un instrument de musique dans lequel on souffle.

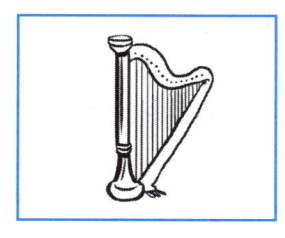

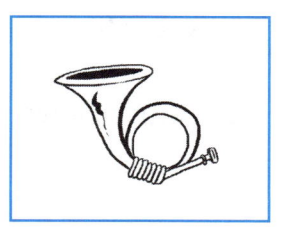

....◯........   ....

Comment as-tu réussi ?

★★ **Relie** chaque instrument de musique à sa définition.

une guitare • • C'est un instrument à percussion formé de lames sur lesquelles on frappe avec deux mailloches.

une flûte • • C'est un instrument qui a un manche et des cordes que l'on pince avec les doigts.

un violon • • C'est un instrument à vent composé d'un tube percé de trous et dans lequel on souffle.

un xylophone • • C'est un instrument qui a un manche et quatre cordes que l'on frotte avec un archet.

Comment as-tu réussi ?

★★ **Complète** les phrases avec les mots de la liste. Aide-toi de l'imagier.

chorale - piano - partition - orchestre - compositeur

• Le chef d'.. a cassé sa baguette.
• Le clavier du .... a des touches blanches et noires.
• Un ensemble de chanteurs se nomme une ....
• Mozart est un .... célèbre.
• Le musicien pose sa .... sur son pupitre.

Comment as-tu réussi ?

LA MUSIQUE

LA MUSIQUE

Objectif 2 : J'apprends à catégoriser.

★ **Relie** chaque instrument au verbe qui lui correspond.

une trompette •   • un xylophone

un tambour •   • souffler •   • une flûte

une batterie •   • taper •   • un tam-tam

un harmonica •   • une clarinette

Comment as-tu réussi ?

★★ **Barre** l'intrus dans chaque ligne. Aide-toi de l'imagier.

Exemple : une guitare - ~~une clarinette~~ - un violoncelle - une harpe

① une trompette – une flûte – une guitare – un harmonica
② un tam-tam – un tambour – une mandoline – une batterie
③ un archet – une baguette – une mailloche – un tournevis

Comment as-tu réussi ?

★★ **Écris** chaque mot dans le bon cadre. Aide-toi de l'imagier.

un tambour - un accordéon - un harmonica - une harpe - un violon
une batterie - une mandoline - un trombone - un tam-tam

Instruments à cordes	Instruments à vent	Instruments à percussion
(Les instruments dont le son est produit par la vibration de cordes)	*(Les instruments dont le son est produit par un souffle d'air)*	*(Les instruments que l'on frappe ou que l'on gratte)*

Comment as-tu réussi ?

Objectif 3 : J'apprends à construire des mots.

★ **Barre** l'intrus dans chaque ligne.

❶ musique   musicien – muscle – musical
❷ corde   cordon – cordelette – corbeau
❸ violon   violence – violoniste – violoncelle
❹ orchestre   orchestrer – orchestration – orchidée
❺ chant   chanter – chanteur – champ

Comment as-tu réussi ?

★★ **Écris** d'autres noms en utilisant iste comme dans l'exemple.
un **piano** ➜ un **pian**iste

une harpe ➜ ....
une guitare ➜ ....
un violoncelle ➜ ....
une trompette ➜ ....
une clarinette ➜ ....

Comment as-tu réussi ?

★★ **Écris** des noms en utilisant eur et euse comme dans l'exemple.
chanter ➜ le **chant**eur ➜ la **chant**euse

◆ valser ➜ .... ➜ ....
◆ accorder ➜ .... ➜ ....
◆ danser ➜ .... ➜ ....
◆ bruiter ➜ .... ➜ ....

Comment as-tu réussi ?

Objectif 4 : Je comprends les homonymes.

★ **Relie** chaque phrase à la définition qui correspond au nom souligné.

J'ai acheté une **baguette** à la boulangerie.

Le chef d'orchestre range sa **baguette** dans son étui.

Mon frère joue de la **flûte**.

En rangeant la vaisselle, j'ai cassé une **flûte**.

• un instrument de musique à vent
• un verre à pied
• un petit bâton
• un pain long et fin

Comment as-tu réussi ?

★★ **Relie** chaque phrase au nom qui correspond. Puis **écris** ce nom dans la phrase.

Le .... de la guitare est cassé.

J'ai relié mes feuilles à l'aide d'un ....

Il y a une file d'attente à la .... du magasin.

trombone
caisse
manche

La .... de mon manteau est déchirée.

Le musicien frappe sur sa grosse ....

Gilles apprend à jouer du ....

Comment as-tu réussi ?

★★★ **Écris** le nom qui correspond à la phrase. **Aide-toi de l'imagier.**

|cor| |corps|

◆ Le musicien souffle dans son ....

◆ Paul a la varicelle, il a le .... couvert de boutons.

|archer| |archet|

◆ Le violoniste prend son ....

◆ L'.................. range ses flèches dans son étui.

Comment as-tu réussi ?

10

Objectif 5 : Je comprends les synonymes.

LA MUSIQUE

★ **Entoure** le mot qui peut remplacer le mot en bleu dans chaque colonne.

une musique
un piano
un air
une guitare

une chorale
un trombone
un violon
un chœur

chanter
fredonner
taper
gratter

la cadence
le rythme
la chanson
la danse

Comment as-tu réussi ?

★★ **Écris** chaque mot dans la bonne phrase.

tape - a composé - dirige - le rythme - joue

Gaston **frappe** sur son tambour.	Gaston .... sur son tambour.
Les enfants marquent **la cadence** de la musique avec leurs pieds.	Les enfants marquent .... de la musique avec leurs pieds.
Le chef **mène** l'orchestre.	Le chef .... l'orchestre.
Julie **interprète** un morceau de musique.	Julie .... un morceau de musique.
Chopin **a écrit** des musiques célèbres.	Chopin .... des musiques célèbres.

Comment as-tu réussi ?

★★★ **Retrouve** les paires de synonymes. **Écris-les** dans les cadres.

un chœur   une cadence   taper   un rythme
frapper   une chorale   chanter   fredonner

....	....

....	....

....	....

....	....

Comment as-tu réussi ?

Objectif 6 : J'apprends à ranger les mots par ordre alphabétique.

| a | b | c | d | e | f | g | h | i | j | k | l | m | n | o | p | q | r | s | t | u | v | w | x | y | z |

★ **Écris** la lettre qui vient juste après dans l'alphabet.

d -	m -	v - ....
p -	a -	i - ....
r -	e -	b - ....

Comment as-tu réussi ?

★★ **Écris** les lettres qui viennent juste après et juste avant dans l'alphabet.

.... - d -	.... - k -	.... - x - ....
.... - f -	.... - s -	.... - n - ....
.... - o -	.... - u -	.... - q - ....

Comment as-tu réussi ?

★★★ **Range** les noms dans l'ordre alphabétique dans chaque cadre.

| guitare – flûte – tambour orchestre – instrument | cor – xylophone – harpe violon – accordéon |

Comment as-tu réussi ?

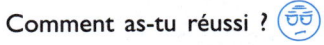

LA MUSIQUE

Objectif 7 : Je mémorise les mots que j'ai appris.

★ **Relie** chaque mot à la phrase qui lui correspond.

un tam-tam • • Il dirige les musiciens.

un violoncelle • • Dans le conte « Jack et le haricot magique », Jack en vole une à l'ogre.

une harpe • • C'est un instrument à cordes et à archet plus gros que le violon.

le chef d'orchestre • • C'est un instrument à vent composé d'un tube percé de trous.

une clarinette • • C'est une sorte de tambour.

Comment as-tu réussi ?

★★ **Écris** chaque mot dans la bonne phrase.

harmonica - violoniste - archet - partition - instrument

◆ Gaspard voudrait apprendre à jouer d'un .... de musique.

◆ La harpiste a posé sa .... sur son pupitre.

◆ Paul joue de l'.................... dans l'orchestre de son école.

◆ Avec son ...., le .... frotte les cordes de son violon.

Comment as-tu réussi ?

★★★ **Complète** le texte avec les mots de la liste.

batterie - instrument - trompette - mandoline - clarinette - violoncelle

Tom, Julie et Fernand veulent jouer d'un .... Julie veut être percussionniste. Elle veut jouer de la ....
Tom aime souffler. Ce sont les instruments à vent qui l'attirent.
Il hésite entre la .... et la ....
Quant à Fernand, ce sont les instruments à cordes qui le font rêver.
Il aimerait jouer du .... et de la ....

Comment as-tu réussi ?

2. Les animaux

un terrier	 un nid	 un chimpanzé	 une baleine
un aigle	 une gazelle	 un zèbre	 une panthère
 une autruche	 un alligator	 un faucon	 un serpent
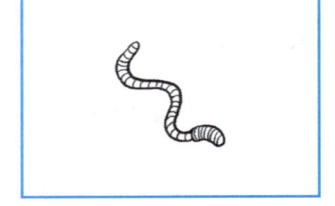 un ver	 un cygne	 un hibou	 une marmotte
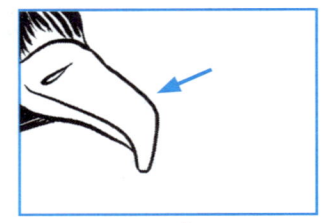 un bec	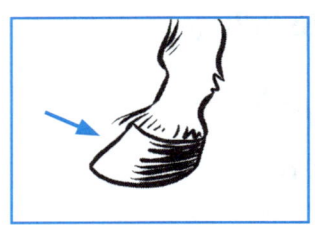 un sabot	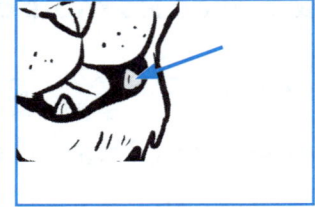 un croc	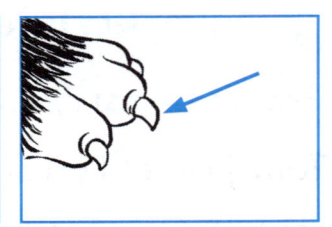 une griffe
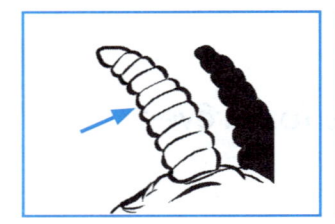 une corne	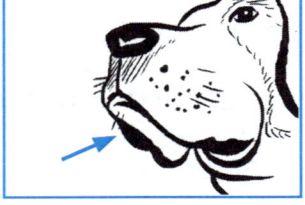 une babine	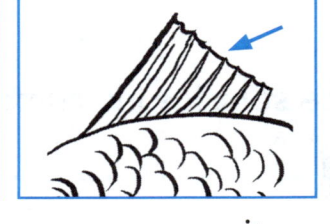 une nageoire	 un poil

Objectif 1 : J'enrichis mon vocabulaire.

★ **Mets** des croix dans les bonnes cases. Aide-toi de l'imagier.

	le lion	l'aigle	la gazelle	l'autruche
a des poils				
a des plumes				
a des cornes				
a un bec				
a des sabots				

Comment as-tu réussi ?

★★ **Relie** chaque nom à sa définition. Aide-toi de l'imagier.

un mammifère • • C'est un ongle pointu et crochu que possèdent certains animaux. Le chat peut rentrer les siennes.

une babine • • C'est un ongle grand et très épais qu'ont certains animaux comme les vaches, les chevaux…

un croc • • C'est une dent pointue que possèdent certains animaux, comme le chien, le lion…

une griffe • • C'est la lèvre pendante que possèdent certains animaux, comme le chien, le chat…

un sabot • • C'est un animal qui a des mamelles pour allaiter ses petits.

Comment as-tu réussi ?

★★★ **Écris** chaque mot dans la bonne phrase.

rapaces - espèce - allaite - domestiques

◆ Les aigles et les faucons sont des oiseaux de proie ou des ....

◆ La lionne .... ses lionceaux.

◆ Le crocodile, l'alligator et le caïman appartiennent à la même

.... animale.

◆ Les animaux .... vivent auprès de l'homme.

Comment as-tu réussi ?

LES ANIMAUX

LES ANIMAUX

> *Objectif 2 : J'apprends à catégoriser.*

★ **Relie** chaque animal au cadre qui lui correspond.

un cygne •   • une panthère

un zèbre •   • à plumes •   • un faucon

un ours •   • à poils •   • un chimpanzé

un hibou •   • une autruche

Comment as-tu réussi ?

★★ **Barre** l'intrus dans chaque ligne. Aide-toi de l'imagier.

❶ un requin – une baleine – un phoque – un singe
❷ une mouche – un moustique – un escargot – un papillon
❸ un crocodile – un alligator – un caïman – un aigle
❹ un serpent – un tigre – un cheval – une vache

Comment as-tu réussi ?

★★★ **Écris** chaque nom dans le bon cadre.

une vache - une poule - une lionne - une jument - une grenouille
une baleine - une fourmi - un papillon

Femelles qui pondent des œufs *(ovipares)*	Femelles qui portent leurs petits dans leur ventre jusqu'à leur naissance *(vivipares)*
....	....
....	....
....	....
....	....

Comment as-tu réussi ?

Objectif 3 : J'apprends à construire des mots.

★ **Barre** l'intrus dans chaque ligne.

① `nager` une nageoire – un nageur – une mangeoire

② `plume` une pluie – un plumage – plumer

③ `un croc` un crochet – accrocher – une crevette

④ `allaiter` le lait – une laitue – un laitage

⑤ `un bec` becqueter – une becquée – un insecte

Comment as-tu réussi ?

★★ **Relie** les mots de la même famille.

griffe • • allaitement
insecte • • insecticide
plume • • poilu
lait • • griffu
poil • • crochu
croc • • plumeau

Comment as-tu réussi ?

★★★ **Écris** des noms en utilisant `e` et `eau` comme dans les exemples.

un **renard** ➜ une **renard**`e`

• un éléphant ➜ une ....
• un lapin ➜ une ....
• un ours ➜ une ....

une **renard**e ➜ un **renard**`eau`

• une éléphante ➜ un ....
• une baleine ➜ un ....
• une pintade ➜ un ....
• une girafe ➜ un ....

Comment as-tu réussi ?

Objectif 4 : Je comprends les expressions.

★ **Relie** chaque expression au sens qui lui correspond.

avoir une faim de loup • • avoir froid ou avoir peur

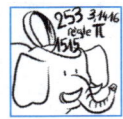

avoir une mémoire d'éléphant • • avoir une excellente mémoire

avoir la chair de poule • • avoir très faim

Comment as-tu réussi ?

★★ **Relie** chaque expression au sens qui lui correspond.

être comme chien et chat • • demander la réponse

faire un froid de canard • • marcher sans faire de bruit

donner sa langue au chat • • faire très froid

être une poule mouillée • • se disputer sans cesse

marcher à pas de loup • • être peureux

Comment as-tu réussi ?

★★★ **Complète** chaque expression.

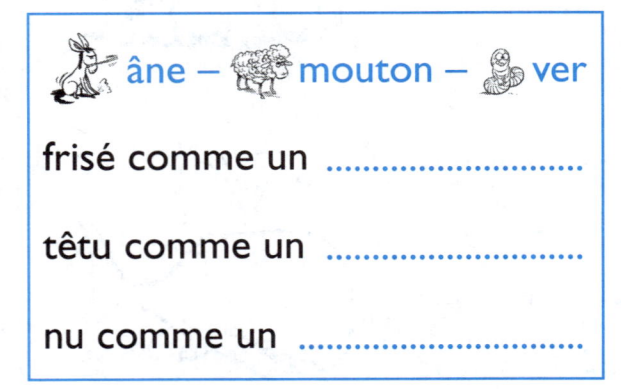

âne – mouton – ver	bavard – rusé – doux
frisé comme un	.... comme un agneau
têtu comme un	.... comme une pie
nu comme un	.... comme un renard

Comment as-tu réussi ?

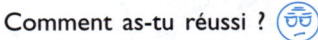

Objectif 5 : Je comprends les synonymes.

★ **Entoure** le mot qui peut remplacer le mot en bleu dans chaque colonne.

un oiseau de proie	téter	se nourrir	une espèce	un petit
une poule	marcher	regarder	une famille	un oiseau
un rapace	galoper	manger	une boîte	un bébé
une souris	boire	miauler	un sac	un mammifère

Comment as-tu réussi ?

★★ **Écris** chaque verbe dans la bonne phrase.

hiberne - allaite - construit - bondit - creuse - possède

La lionne **nourrit** ses petits.	La lionne .... ses petits.
L'aigle **bâtit** son nid.	L'aigle .... son nid.
Le tigre **saute** sur sa proie.	Le tigre .... sur sa proie.
L'ours polaire **a** une épaisse fourrure.	L'ours polaire .... une épaisse fourrure.
La marmotte **sommeille** pendant environ six mois.	La marmotte .... pendant environ six mois.
Le lapin **fait** un terrier.	Le lapin .... un terrier.

Comment as-tu réussi ?

★★★ **Retrouve** les paires de synonymes. **Écris-les** dans les cadres.

se nourrir   un terrier   s'alimenter   vivre
un animal   habiter   un abri   une bête

Comment as-tu réussi ?

LES ANIMAUX

Objectif 6 : J'apprends à ranger les mots par ordre alphabétique.

| a | b | c | d | e | f | g | h | i | j | k | l | m | n | o | p | q | r | s | t | u | v | w | x | y | z |

★ **Écris** la lettre qui vient juste après dans l'alphabet.

c -	f -	w - ....
p -	t -	o - ....
y -	k -	g - ....

Comment as-tu réussi ?

★★ **Écris** les lettres qui viennent juste après et juste avant dans l'alphabet.

.... - b -	.... - n -	.... - s - ....
.... - d -	.... - h -	.... - j - ....
.... - m -	.... - i -	.... - v - ....

Comment as-tu réussi ?

★★★ **Range** les noms dans l'ordre alphabétique dans chaque cadre.

girafe – alligator – éléphant
zèbre – ours

kangourou – vipère
crocodile – hibou – panda

Comment as-tu réussi ?

Objectif 7 : Je mémorise les mots que j'ai appris.

★ **Relie** chaque mot à la phrase qui lui correspond.

allaiter • • C'est un oiseau carnivore qui a des ongles forts et crochus.

une espèce • • C'est ce que fait une mère quand elle nourrit son petit avec son lait.

un terrier • • C'est un ensemble d'animaux qui ont des caractères communs.

un rapace • • C'est un abri que des animaux creusent dans la terre.

Comment as-tu réussi ?

★★ **Écris** chaque mot dans la bonne phrase.

bec - crocs - griffes - poils - cornes - babines

- Le chat se jeta sur la souris toutes .... dehors afin de l'attraper.
- L'ensemble des .... d'un mammifère se nomme le pelage.
- La chèvre de Monsieur Seguin avait deux jolies ....
- Dans une fable de La Fontaine, le corbeau tenait en son .... un fromage.
- Le chien en colère retrousse ses .... et montre ses ....

Comment as-tu réussi ?

★★★ **Retrouve** les mots cachés pour compléter les phrases.

B	E	C	T	Z	A	W	R	S	E
D	O	M	E	S	T	I	Q	U	E
Z	A	L	L	I	G	A	T	O	R
K	X	J	S	A	U	V	A	G	E
A	I	G	L	E	Y	U	S	S	U

Le chat est un animal ....

Picorer, c'est prendre avec le ....

L' .... est un rapace.

Un animal qui vit en liberté est un animal ....

Le crocodile et l' .... appartiennent à la même espèce.

Comment as-tu réussi ?

3. Le jardin

un sécateur	une binette	une pelle	une brouette
un arrosoir	une fourche	un râteau	une bêche
un bosquet	un massif	une plate-bande	un potager
un bourgeon	un pétale	une tige	une primevère
une violette	une marguerite	le gazon	une fleur fanée
semer	tailler	planter	désherber

Objectif 1 : J'enrichis mon vocabulaire.

★ **Dessine** un ○, un □, un △ ou une ✖ **sous le dessin qui correspond à la définition.** Attention, il y a un intrus !

○ : C'est un récipient muni d'une anse et dans lequel on met de l'eau.
△ : C'est un petit chariot avec une roue.
□ : C'est un outil qui sert à creuser.
✖ : C'est un petit groupe d'arbres.

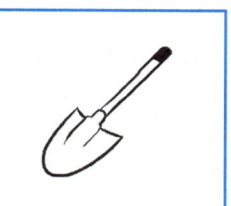

....

Comment as-tu réussi ?

★★ **Relie chaque nom à sa définition.** Aide-toi de l'imagier.

l'automne • • C'est un outil qui sert à couper des tiges et des branches.

un potager • • C'est une bande de terre cultivée.

un massif • • C'est un ensemble de plantes ou d'arbustes.

un sécateur • • C'est un jardin dans lequel on fait pousser des légumes.

un râteau • • C'est un outil ayant un manche et des dents.

une plate-bande • • C'est une des quatre saisons.

Comment as-tu réussi ?

★★ **Écris chaque nom dans la bonne phrase.** Aide-toi de l'imagier.

pétales - désherbé - a tondu - cueille - bourgeons

◆ Nervine .... des marguerites pour faire un bouquet.
◆ Ce matin, le jardinier a .... l'allée à l'aide de sa binette.
◆ Les fleurs des pruniers ont cinq ....
◆ Jules a taillé les massifs et .... la pelouse.
◆ Au printemps, les arbres se couvrent de ....

Comment as-tu réussi ?

LE JARDIN

23

Objectif 2 : J'apprends à catégoriser.

LE JARDIN

⭐ **Relie** chaque nom à la boîte qui lui correspond.

une allée • • une clôture

une fourche • • un sécateur

• des outils •

un arrosoir • • une haie

• des aménagements du jardin •

une binette • • un râteau

une plate-bande • • un massif

Comment as-tu réussi ?

⭐⭐ **Barre** l'intrus dans chaque ligne. Aide-toi de l'imagier.

① une rose – une tulipe – une carotte – une primevère
② semer – bêcher – planter – chanter
③ un poireau – une prune – un chou – un haricot
④ tailler – tondre – désherber – lire
⑤ un navet – une cerise – une poire – un pamplemousse
⑥ un bourgeon – une feuille – un râteau – un tronc

Comment as-tu réussi ?

⭐⭐⭐ **Écris** chaque nom dans le bon cadre. Aide-toi de l'imagier.

un poireau - une rose - un radis - une primevère - une violette
une pomme de terre - une marguerite - un haricot

Fleurs	Légumes
....	....
....	....
....	....
....	....

Comment as-tu réussi ?

24

> **Objectif 3 : J'apprends à construire des mots.**

★ **Barre** l'intrus dans chaque ligne.

❶ planter | un plantoir – replanter – un plant – planer

❷ une herbe | désherber – l'hiver – un herbier – herbivore

❸ un jardin | un jardinier – jardiner – le jardinage – jamais

❹ une pelle | peler – une pelletée – une tractopelle – une pelleteuse

❺ semer | ensemencer – resemer – un semis – une semaine

Comment as-tu réussi ?

★★ **Relie** les mots de la même famille.

arbre • • fleurir
branche • • automnal
râteau • • branchage
fleur • • printanier
automne • • ratisser
printemps • • arbuste
hiver • • feuillage
feuille • • hivernal

Comment as-tu réussi ?

★★★ **Écris** des mots en utilisant oir et re comme dans les exemples.

oir	re
	(qui veut dire « à nouveau »)
arroser → un arros**oir**	faire → **re**faire
• planter → un	• planter → ....
• semer → un	• semer → ....
• gratter → un	• fleurir → ....
• fermer → un	• tailler → ....
• laver → un	• tondre → ....

Comment as-tu réussi ?

LE JARDIN

25

Objectif 4 : Je comprends les contraires.

★ **Relie** les adjectifs contraires.

chaud • • humide
mûr • • fine
sec • • abandonné
épaisse • • froid
entretenu • • vert

Comment as-tu réussi ?

★★ **Écris** chaque verbe contraire dans la bonne phrase.

démonte - déterre - déplante - démolit - vend

Le jardinier **plante** des salades.	Le jardinier .... des salades.
Le jardinier **achète** des plants de poireaux.	Le jardinier .... des plants de poireaux.
Le jardinier **construit** un abri de jardin.	Le jardinier .... un abri de jardin.
Le jardinier **enterre** les pommes de terre.	Le jardinier .... les pommes de terre.
Le jardinier **remonte** le moteur de la tondeuse.	Le jardinier .... le moteur de la tondeuse.

Comment as-tu réussi ?

★★ **Écris** chaque mot contraire dans la bonne phrase.

réparé - fermée - quittent - fanées - vide

• Les fleurs de ce bouquet sont **fraîches**.
  ➜ Les fleurs de ce bouquet sont ....

• Le jardinier a **cassé** son sécateur. ➜ Le jardinier a .... son sécateur.

• Paul **remplit** sa brouette. ➜ Paul .... sa brouette.

• La barrière est **ouverte**. ➜ La barrière est ....

• Les abeilles **regagnent** leur ruche. ➜ Les abeilles .... leur ruche.

Comment as-tu réussi ?

Objectif 5 : Je comprends les synonymes.

★ **Entoure** le mot qui peut remplacer le mot en bleu dans chaque colonne.

la pelouse	une plate-bande	récolter	un massif	une épine
le champ	un puits	ramasser	un buisson	un pétale
la prairie	un parterre	tondre	une allée	une tige
le gazon	une haie	planter	un arbuste	un piquant

Comment as-tu réussi ?

★★ **Écris** chaque mot dans la bonne phrase.

parfument - arrachaient - bosquet - taillera - fanées

Valentin **coupera** les rosiers.	Valentin .... les rosiers.
Le chat s'est caché dans le **buisson**.	Le chat s'est caché dans le ....
Ces fleurs sont **flétries**.	Ces fleurs sont ....
Les jardiniers **enlevaient** les mauvaises herbes.	Les jardiniers .... les mauvaises herbes.
Les massifs de roses **embaument** le jardin.	Les massifs de roses .... le jardin.

Comment as-tu réussi ?

★★★ **Retrouve** les paires de synonymes. **Écris-les** dans les cadres.

un parfum   un potager   une senteur   semer
planter   récolter   un jardin   cueillir

Comment as-tu réussi ?

LE JARDIN

Objectif 6 : J'apprends à ranger les mots par ordre alphabétique.

| a | b | c | d | e | f | g | h | i | j | k | l | m | n | o | p | q | r | s | t | u | v | w | x | y | z |

LE JARDIN

★ **Range** les lettres dans l'ordre alphabétique.

c - v - f	.... - .... - ....
i - a - o	.... - .... - ....
t - z - b	.... - .... - ....

Comment as-tu réussi ?

★★ **Range** les lettres dans l'ordre alphabétique.

r - d - f - z - e	.... - .... - .... - .... - ....
j - w - p - h - a	.... - .... - .... - .... - ....
s - m - q - u - n	.... - .... - .... - .... - ....

Comment as-tu réussi ?

★★★ **Range** les noms dans l'ordre alphabétique dans chaque cadre.

potager – arrosoir – râteau
sécateur – printemps

gazon – pelouse – jardin
haie – herbe

Comment as-tu réussi ?

28

Objectif 7 : Je mémorise les mots que j'ai appris.

★ **Relie** chaque mot à sa définition.

une bêche • • sert à ratisser
un sécateur • • sert à transporter
une binette • • sert à enlever les mauvaises herbes
une brouette • • sert à tailler
un râteau • • sert à retourner la terre

Comment as-tu réussi ?

★★ **Écris** chaque mot dans la bonne phrase.

plantes - fanées - désherber - tailler - tondre - pétales

◆ Le jardinier coupe les feuilles ....
◆ L'herbe a beaucoup poussé, il faut la ....
◆ En été, il faut souvent .... le jardin avec la binette.
◆ Le matin, les fleurs ouvrent leurs ....
◆ En hiver, rien ne pousse dans le jardin et le froid tue souvent les .... fragiles.
◆ En novembre, il faut .... les rosiers, mais gare aux épines !

Comment as-tu réussi ?

★★ **Retrouve** les mots cachés pour compléter les phrases.

P	É	T	A	L	E	S	R	A	T
L	E	A	R	R	O	S	O	I	R
E	P	E	L	O	U	S	E	A	U
U	Z	A	U	T	O	M	N	E	D
M	A	S	S	I	F	W	É	T	É

En .... les arbres perdent leurs feuilles.

Samia remplit son .... au robinet du cabanon.

Les tulipes ont six ....

Les roses de ce .... parfument le jardin.

Paul va tondre la ....

En .... , quand il fait chaud et sec, il faut arroser souvent les plantations.

Comment as-tu réussi ?

4. Les aliments

Produits d'origine animale

- des œufs
- une côtelette 
- un saumon 
- du miel 

Produits laitiers

- du fromage
- du beurre 
- un yaourt 
- de la crème 
- du lait 
- une glace 

Produits d'origine végétale

Céréales

- du riz
- du blé 
- du maïs 
- de la farine 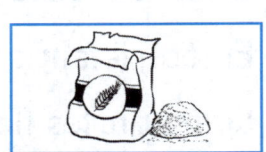

Fruits

- une orange
- un kiwi 
- une fraise 
- une pomme 

Légumes

- une pomme de terre
- un poireau 
- un radis 
- des haricots 
- une olive 

Épices

- de la vanille
- du poivre 

Divers

- de l'huile
- du vinaigre 
- du chocolat noir 
- du café

Objectif 1 : J'enrichis mon vocabulaire.

LES ALIMENTS

★ **Dessine** un ○, un □, un △ ou une ✹ sous le dessin qui correspond à la définition. Attention, il y a un intrus !

○ : Ce sont des pommes de terre coupées en bâtonnets.
□ : Il est produit par les abeilles dans les ruches.
△ : C'est une liste de plats servis pendant un repas.
✹ : C'est un morceau de viande.

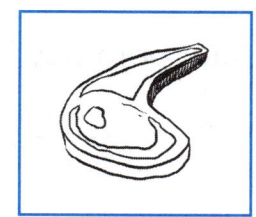

....

Comment as-tu réussi ?

★★ **Relie** chaque nom à sa définition.

le fromage • • Elle est produite à partir des grains de blé.

les céréales • • Il est fabriqué avec du lait de vache, de brebis ou de chèvre.

la farine • • Ce sont des plantes dont les hommes et les animaux mangent les graines.

le beurre • • On les fabrique à partir du lait.

les produits laitiers • • Il est fait à partir de la crème du lait de vache.

Comment as-tu réussi ?

★★★ **Complète** les phrases avec les mots de la liste. Aide-toi de l'imagier.

vitamines - canne - blé - assaisonner - huile

◆ Les kiwis et les oranges contiennent beaucoup de ....

◆ Le sucre est extrait de la .... à sucre qui pousse dans les pays chauds.

◆ Le poivre est une épice qu'on utilise pour .... un plat.

◆ En pressant des olives ou des arachides, on obtient de l'............................ .

◆ Les pâtes sont faites avec de la semoule de .... dur.

Comment as-tu réussi ?

31

LES ALIMENTS

> *Objectif 2 : J'apprends à catégoriser.*

★ **Relie** chaque nom à la boîte qui lui correspond.

des carottes râpées •   • un yaourt
un gâteau •   • un flan
                • entrée •
une glace •   • un œuf avec
                                 de la mayonnaise
une salade
de betteraves • • dessert •   • des radis
un potage •   • une tarte aux pommes

Comment as-tu réussi ?

★★ **Barre** l'intrus dans chaque ligne. Aide-toi de l'imagier.

1 un thé – un jus – une limonade – du beurre – de l'eau
2 une côtelette – un rôti – une saucisse – une escalope – un gâteau
3 une fraise – une brioche – un croissant – une chouquette
4 le riz – le blé – le thé – le maïs – l'avoine
5 le gruyère – la confiture – le camembert – l'emmental – la tome

Comment as-tu réussi ?

★★ **Écris** chaque nom dans le bon cadre. Aide-toi de l'imagier.

un œuf - le saumon - une pomme - un poireau - un poulet
le sucre - le lait - la farine

Aliments d'origine animale *(qui proviennent des animaux)*	Aliments d'origine végétale *(qui proviennent des plantes)*
....	....
....	....
....	....
....	....

Comment as-tu réussi ?

Objectif 3 : J'apprends à construire des mots.

★ **Relie** les mots de la même famille.

savourer • • crudité
sel • • appétissant
appétit • • mâchoire
frire • • vinaigrette
mâcher • • salé
cru • • savoureux
vinaigre • • friteuse

Comment as-tu réussi ?

★★ **Barre** l'intrus dans chaque ligne.

❶ cuisiner une cuisinière – une cuillère – un cuisinier – une cuisine

❷ un aliment alimenter – alimentaire – aligner – une alimentation

❸ nourrir pourrir – une nourriture – nourrissant – un nourrisson

❹ la crème écrémé – une crémerie – une crêpe – un crémier

❺ manger une mangeoire – un mangeur – une manche – immangeable

❻ le lait un laitage – laide – une laiterie – allaiter

Comment as-tu réussi ?

★★ **Écris** des mots en utilisant erie, eux et euse comme dans les exemples.

erie : la **crème** → la **crèm**erie

- une épice → ....
- une crêpe → ....
- le lait → ....
- un fromage → ....

eux euse : la **crème** → **crém**eux → **crém**euse

- une pâte → .... → ....
- la graisse → .... → ....
- l'huile → .... → ....
- la farine → .... → ....

Comment as-tu réussi ?

Objectif 4 : Je comprends les contraires.

⭐ **Relie** les contraires.

cru • • fin
amer • • léger
dur • • cuit
épais • • tendre
lourd • • imbuvable
buvable • • sucré

Comment as-tu réussi ?

⭐⭐ **Écris** chaque adjectif contraire dans la bonne phrase.

rassis - plate - déséquilibré - immangeable - pauvres

Cette viande n'est pas **mangeable**.	Cette viande est ....
Cette eau n'est pas **gazeuse**.	Cette eau est ....
Ces aliments ne sont pas **riches** en vitamines.	Ces aliments sont .... en vitamines.
Ce menu n'est pas **équilibré**.	Ce menu est ....
Ce pain n'est pas **frais**.	Ce pain est ....

Comment as-tu réussi ?

⭐⭐⭐ **Écris** chaque mot contraire dans la bonne phrase.

rugueuse - salé - peu - comestible - fines

◆ La peau de ce fruit est **lisse**. → La peau de ce fruit est ....

◆ Paul aime le beurre **doux**. → Paul aime le beurre ....

◆ Ces crêpes sont trop **épaisses**. → Ces crêpes sont trop ....

◆ Il mange **beaucoup** de céréales. → Il mange .... de céréales.

◆ Ce champignon est **vénéneux**. → Ce champignon est ....

Comment as-tu réussi ?

34

Objectif 5 : Je comprends les synonymes.

★ **Relie** les synonymes.

- succulent • • s'alimenter
- se nourrir • • mâcher
- déguster • • saveur
- mastiquer • • savourer
- goût • • délicieux

Comment as-tu réussi ?

★★ **Écris** chaque mot dans la bonne phrase.

écrasées - étale - utilisée - dévore - fabrique

- Paul **avale** un croissant. → Paul .... un croissant.
- On **fait** de la farine avec du blé. → On .... de la farine avec du blé.
- Noémie **met** de la confiture sur une tartine.
  → Noémie .... de la confiture sur une tartine.
- Les fèves de cacao sont grillées puis **broyées**.
  → Les fèves de cacao sont grillées puis ....
- La farine est **employée** partout dans le monde. →
  La farine est .... partout dans le monde.

Comment as-tu réussi ?

★★★ **Écris** chaque mot dans la bonne phrase.

se consomment - manières - apportent - conserve - préparé

- Ce lait se **garde** des semaines. → Ce lait se .... des semaines.
- Les céréales nous **fournissent** des vitamines.
  → Les céréales nous .... des vitamines.
- Le maïs peut être **cuisiné** de différentes **façons**.
  → Le maïs peut être .... de différentes ....
- Les légumes **se mangent** crus, cuits, secs ou en conserve.
  → Les légumes .... crus, cuits, secs ou en conserve.

Comment as-tu réussi ?

LES ALIMENTS

Objectif 6 : J'apprends à ranger les mots par ordre alphabétique.

| a | b | c | d | e | f | g | h | i | j | k | l | m | n | o | p | q | r | s | t | u | v | w | x | y | z |

LES ALIMENTS

★ **Range** les lettres dans l'ordre alphabétique.

k – t – y – a	.... - .... - .... - ....
m – h – c – u	.... - .... - .... - ....
l – p – o – q	.... - .... - .... - ....

Comment as-tu réussi ?

★★ **Range** les lettres dans l'ordre alphabétique.

b - d - p - q - u - n	.... - .... - .... - .... - .... - ....
w - f - g - v - y - e	.... - .... - .... - .... - .... - ....
s - i - j - h - b - a	.... - .... - .... - .... - .... - ....

Comment as-tu réussi ?

★★★ **Range** les noms dans l'ordre alphabétique dans chaque cadre.

blé – maïs – riz – avoine farine – miel	sucre – vin – persil – sel vinaigre – poivre
....	....
....	....
....	....
....	....
....	....
....	....

Comment as-tu réussi ?

36

Objectif 7 : Je mémorise les mots que j'ai appris.

LES ALIMENTS

★ **Relie** chaque mot à la boîte qui lui correspond.

sucre • | • pâte à crêpes • | • farine
carottes • | | • lait
œufs • | • salade de légumes • | • betteraves
haricots verts • | | • petits pois

Comment as-tu réussi ?

★★ **Écris** chaque mot dans la bonne phrase.

menu - laitiers - vitamines - épices - céréales

◆ Le fromage, les yaourts, le beurre sont des produits ....
◆ Le riz, le blé, le maïs, l'avoine sont des ....
◆ Le poivre, la vanille, la cannelle sont des ....
◆ L'entrée, le plat et le dessert sont les parties d'un ....
◆ Les légumes sont riches en ....

Comment as-tu réussi ?

★★★ **Compose** deux menus différents avec les aliments de la liste.

côtelette d'agneau - carottes râpées - compote - gruyère - frites
poisson pané - emmental - salade de fruits - haricots verts - poulet frit
riz - camembert - glace - tarte aux pommes - radis - salade de tomates

Entrée	Entrée
....	....
Plat et accompagnement	Plat et accompagnement
....	....
Fromage	Fromage
....	....
Dessert	Dessert
....	....

Comment as-tu réussi ?

5. Les paysages

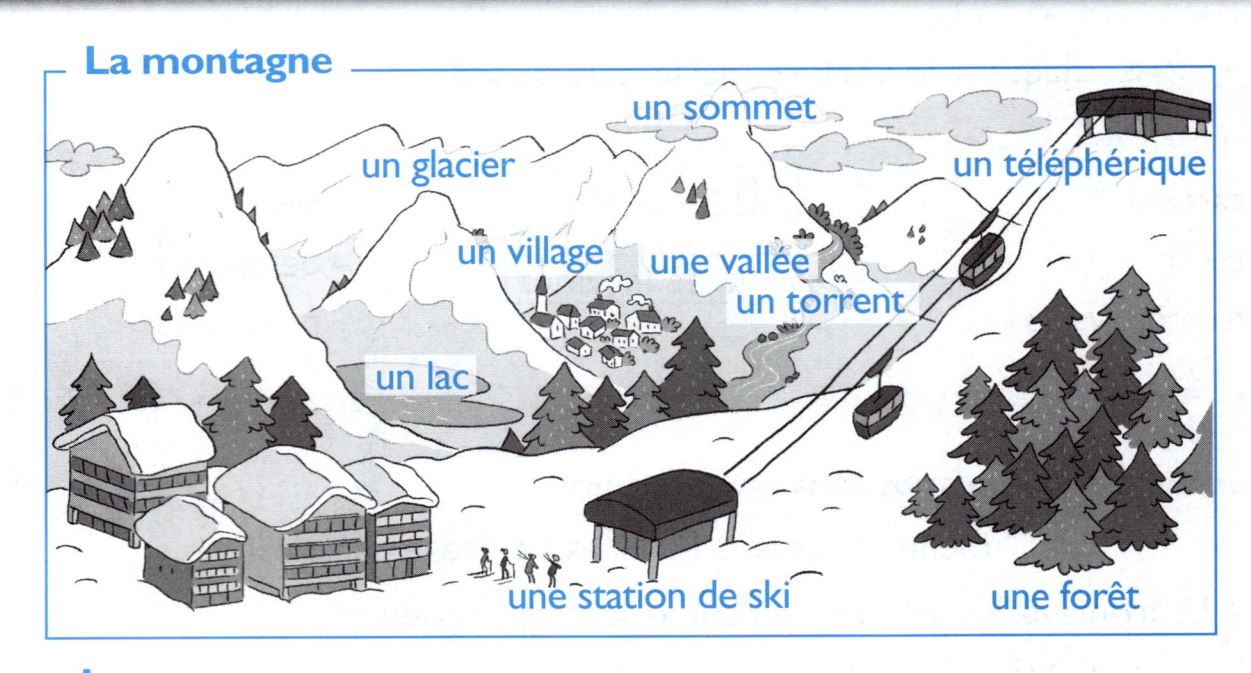

La montagne

- un sommet
- un glacier
- un téléphérique
- un village
- une vallée
- un torrent
- un lac
- une station de ski
- une forêt

La mer

- une dune
- une falaise
- la côte
- un voilier
- la plage
- un port
- un phare
- des galets
- des rochers
- une île

La campagne

- une colline
- une ferme
- un troupeau
- un étang
- un champ
- une rivière

Objectif 1 : J'enrichis mon vocabulaire.

★ **Relie** chaque nom à sa définition. Aide-toi de l'imagier.

un village •   • C'est une étendue d'eau entourée de terre.

un lac •   • C'est un groupe d'habitations à la campagne.

une île •   • C'est une terre entourée d'eau.

un rocher •   • C'est un bloc de pierre.

la côte •   • C'est le bord de mer.

Comment as-tu réussi ?

★★ **Écris** chaque mot dans la bonne phrase. Aide-toi de l'imagier.

torrent - glacier - galet - sommet - dune

- La partie la plus haute d'une montagne se nomme le ....
- Un champ de glace éternelle se nomme un ....
- Un caillou arrondi et poli par le frottement de l'eau et du sable se nomme un ....
- Un cours d'eau de montagne se nomme un ....
- Une colline de sable se nomme une ....

Comment as-tu réussi ?

★★★ **Écris** chaque mot dans la bonne phrase. Aide-toi de l'imagier.

vallée - étang - falaise - paysages - téléphérique - phare

- Les skieurs prennent le .... pour atteindre le haut des pistes.
- Des rochers se détachent de la ....
- La nuit, on peut voir la lumière du .... de l'île d'Ouessant.
- Vus du haut de la montagne, les villages de la .... semblaient minuscules.
- Un .... est une étendue d'eau plus petite qu'un lac.
- En traversant les Etats-Unis, j'ai vu de magnifiques ....

Comment as-tu réussi ?

LES PAYSAGES

Objectif 2 : J'apprends à catégoriser.

★ **Mets** des croix dans les bonnes cases.

	Montagne	Mer
une dune		
une station de ski		
un torrent		
un glacier		
la côte		
un phare		

Comment as-tu réussi ?

★★ **Barre** l'intrus dans chaque ligne. Aide-toi de l'imagier.

1. une forêt – un chemin – un champ – un trombone – une ferme
2. un téléphérique – une binette – un skieur – un glacier – une piste
3. un camion – une plage – du sable – un baigneur – des vagues
4. un lac – un torrent – l'herbe – une rivière – un étang
5. admirer – regarder – manger – observer – contempler

Comment as-tu réussi ?

★★★ **Écris** chaque nom dans le bon cadre. Aide-toi de l'imagier.

une colline - un lac - la mer - un torrent - une vallée - un étang
un champ - une mare - une falaise - une montagne

catégorie « Eau »	catégorie « Terre »
....	....
....	....
....	....
....	....
....	....

Comment as-tu réussi ?

Objectif 3 : J'apprends à construire des mots.

★ **Relie** les mots de la même famille.

campagne •	• neigeux
côte •	• champêtre
torrent •	• côtier
champ •	• campagnard
neige •	• sablonneux
sable •	• torrentiel

Comment as-tu réussi ?

★★ **Barre** l'intrus dans chaque ligne.

1. `une montagne` montagnard – montagneux – un mont – un monsieur
2. `le sable` une sableuse – un saladier – un sablier – ensabler
3. `un port` portuaire – un aéroport – un héliport – une poche
4. `une île` un îlot – une presqu'île – un igloo – un îlien
5. `un rocher` une ruche – un roc – une roche – rocheux
6. `un village` un villageois – une ville – une villageoise – un vigneron

Comment as-tu réussi ?

★★ **Écris** des mots en utilisant `age` et `ier` comme dans les exemples.

`age`	`ier`
le **sabl**e → le **sabl**`age`	une **voil**e → un **voil**`ier`
• une pâture → un	• une ferme → un ....
• l'herbe → l'..................	• le sable → un ....
• une rive → un	• une herbe → un ....
• une ville → un	• une route → un ....
• une coquille → un	• la glace → un ....

Comment as-tu réussi ?

LES PAYSAGES

41

Objectif 4 : Je comprends les homonymes.

★ **Relie** chaque phrase à la définition qui correspond au nom souligné.

Ce **glacier** fabrique d'excellentes glaces à la vanille.

Nous nous sommes promenés sur le **glacier** du Mont-Blanc.

Nicolas a cuit une **côte** de bœuf.

Il a loué une villa sur la **côte**.

- un morceau de viande
- une étendue de glace
- un personne qui fait et vend des glaces
- le bord de mer

Comment as-tu réussi ?

★★ **Relie** chaque phrase au nom qui correspond. Puis **écris** ce nom dans la phrase.

Le .... de la ville a visité l'école.

Je vais me promener au bord de la ....

Ma .... adore les chocolats pralinés.

| mer |
| mère |
| maire |

Ma .... déteste les épinards.

Le bureau du .... est dans la mairie.

À marée basse, la .... se retire.

Comment as-tu réussi ?

★★ **Écris** le nom qui correspond à la phrase. Aide-toi de l'imagier.

| champ | chant |

Le .... du coq nous réveille tous les matins.

Le paysan laboure son ....

| port | porc |

Les bateaux quittent le ....

Maman a préparé un rôti de ....

| cour | cours |

Une rivière est un .... d'eau.

Les enfants jouent dans la .... de l'école.

Comment as-tu réussi ?

Objectif 5 : Je comprends les synonymes.

★ **Entoure** le mot qui peut remplacer le mot en bleu dans chaque colonne.

une mer	une forêt	un champ	une falaise	un chemin
un glacier	un bois	une colline	une paroi	un étang
un océan	un champ	une vallée	un galet	un sentier
un port	une montagne	un pré	une île	un phare

Comment as-tu réussi ?

★★ **Écris** chaque mot dans la bonne phrase.

troupeau - agitée - déchirés - glaciale

Il a fait une chute dans l'eau **glacée** du torrent.	Il a fait une chute dans l'eau .... du torrent.
Le chien rassemble le **groupe** de brebis.	Le chien rassemble le .... de brebis.
C'est jour de tempête. La mer est **déchaînée**.	C'est jour de tempête. La mer est ....
Sur les quais, les pêcheurs réparent leurs filets **percés**.	Sur les quais, les pêcheurs réparent leurs filets ....

Comment as-tu réussi ?

★★★ **Écris** chaque mot dans la bonne phrase.

rassemblés - magnifique - descendaient - la rive - monter

- Des skieurs **dévalaient** les pistes. → Des skieurs .... les pistes.
- Je déjeune **au bord** de l'étang. → Je déjeune sur .... de l'étang.
- La vue est **superbe**. → La vue est ....
- Il est difficile de **gravir** les pentes du Mont-Blanc.
  → Il est difficile de .... les pentes du Mont-Blanc.
- Les villageois se sont **réunis** sur la place.
  → Les villageois se sont .... sur la place.

Comment as-tu réussi ?

LES PAYSAGES

Objectif 6 : J'apprends à ranger les mots par ordre alphabétique.

| a | b | c | d | e | f | g | h | i | j | k | l | m | n | o | p | q | r | s | t | u | v | w | x | y | z |

LES PAYSAGES

★ **Entoure** les suites de lettres qui sont rangées dans l'ordre alphabétique.

a - b - c	h - i - j
j - b - k	o - m - n
u - v - x	r - s - t
m - n - o	c - d - e

Comment as-tu réussi ?

★★ **Complète** les suites de lettres selon l'ordre alphabétique.

..... - b - ..... -	..... - ..... - f -	..... - ..... - q - .....
..... - ..... - g -	..... - ..... - ..... - z	t - ..... - ..... - .....
..... - ..... - ..... - m	o - ..... - ..... -	h - ..... - ..... - .....
d - ..... - ..... -	..... - ..... - v -	..... - ..... - ..... - l

Comment as-tu réussi ?

★★★ **Range** les noms dans l'ordre alphabétique dans chaque cadre.

côte - falaise - champ talus - lac	glacier - plage - torrent galet - sommet
....	....
....	....
....	....
....	....

Comment as-tu réussi ?

44

Objectif 7 : Je mémorise les mots que j'ai appris.

★ **Relie** chaque mot à la phrase qui lui correspond.

un téléphérique • • C'est un sport qu'on pratique en montagne.

un port • • C'est une haute tour qui éclaire la mer la nuit.

une vallée • • C'est un moyen de transport.

le ski • • C'est un endroit qui accueille les bateaux.

un phare • • C'est un espace situé entre deux montagnes.

Comment as-tu réussi ?

★★ **Écris** chaque mot dans la bonne phrase.

dunes - colline - galets - étang - îles

◆ Les nénuphars de l'.. sont en fleurs.
◆ Jeanne aime peindre les .... qu'elle ramasse sur la plage.
◆ Il habite dans une maisonnette tout en haut de la ....
◆ La Martinique et la Guadeloupe sont des .... françaises.
◆ En poussant le sable qui est sur la plage, le vent forme des ....

Comment as-tu réussi ?

★★★ **Retrouve** les mots cachés pour compléter les phrases.

F	A	L	A	I	S	E	Z	D	U
X	P	A	Y	S	A	G	E	S	Z
R	O	C	S	K	I	E	U	R	S
P	O	R	T	Z	G	A	L	E	T
V	A	L	L	É	E	M	Î	L	E
S	O	M	M	E	T	W	L	A	C

◆ Des cygnes nagent sur le ....
◆ Durant notre voyage, nous avons vu de magnifiques ....
◆ Une .... surplombe la plage.
◆ Les voiliers sont amarrés au .... de plaisance.
◆ Les bergers redescendent leurs moutons dans la ....
◆ Le .... de la montagne est recouvert de neige.

Comment as-tu réussi ?

6. La ville

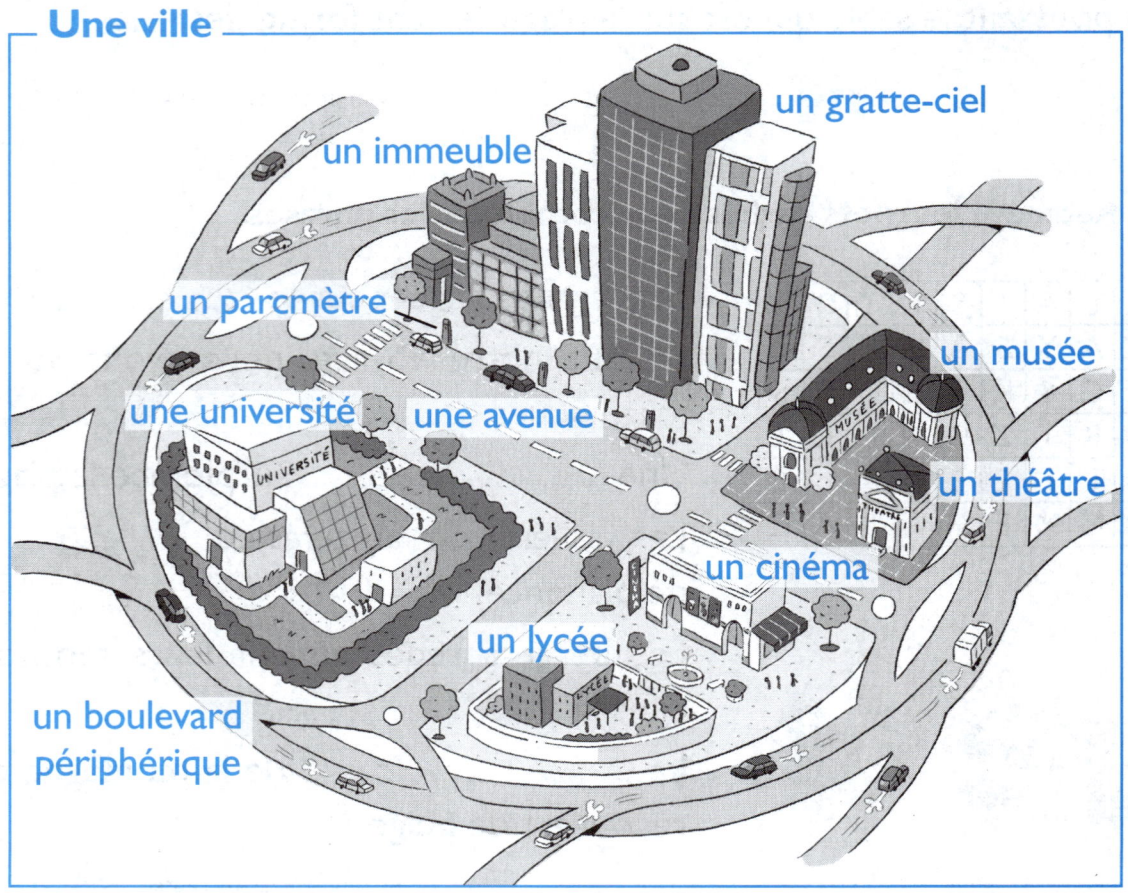

Un quartier

- un café
- une ruelle
- des piétons
- un restaurant
- des pavés
- une impasse
- un lampadaire
- un kiosque
- une poubelle
- le marché
- un jardin public
- des éboueurs

Une ville

- un immeuble
- un gratte-ciel
- un parcmètre
- un musée
- une université
- une avenue
- un théâtre
- un cinéma
- un lycée
- un boulevard périphérique

46

Objectif 1 : J'enrichis mon vocabulaire.

★ **Relie** chaque nom à sa définition. Aide-toi de l'imagier.

une ruelle • • Une pierre en forme de cube qu'on utilise pour recouvrir les rues, les trottoirs, les places.

une impasse • • Une rue large et souvent bordée d'arbres.

une avenue • • Un ensemble de petites villes qui entourent une grande ville.

un pavé • • Une petite rue.

une banlieue • • Une rue ou une ruelle sans issue (on y entre mais il faut faire demi-tour pour en sortir).

Comment as-tu réussi ?

★★ **Complète** les définitions avec les adjectifs de la liste.

périphérique - scolaires - public - piétonne - touristique

◆ Une ville visitée par beaucoup de touristes est une ville ....
◆ Une rue où seuls les piétons peuvent circuler est une rue ....
◆ Les écoles, les collèges, les lycées sont des établissements ....
◆ Un jardin ouvert à tout le monde est un jardin ....
◆ Un boulevard qui fait le tour d'une ville est un boulevard ....

Comment as-tu réussi ?

★★ **Complète** les phrases avec les mots de la liste. Aide-toi de l'imagier.

gratte-ciel - marché - lampadaires - éboueurs - stationner - panneaux

◆ Nous allons au .... pour acheter des légumes et des fruits.
◆ Les .... ramassent les ordures déposées dans les poubelles.
◆ Il est interdit de .... devant les sorties de garage.
◆ La nuit, les .... s'allument pour éclairer les rues.
◆ Le nom des rues est écrit sur des ....
◆ Michèle rêve d'aller à New York pour y voir des ....

Comment as-tu réussi ?

LA VILLE

Objectif 2 : J'apprends à catégoriser.

★ **Relie** chaque nom à la boîte qui lui correspond.

des kiosques à journaux • • des parterres de fleurs
un bassin d'eau • • des allées
 • le jardin public •
des kiosques à musique • • des magasins
des feux tricolores • • la rue • • des bacs à sable
des jeux • • des voitures
des parcmètres • • des passages piétons

Comment as-tu réussi ?

★★ **Barre** l'intrus dans chaque ligne. Aide-toi de l'imagier.

① un bus - un taxi - un tramway - un métro - un jardin
② un livreur - un éboueur - un lampadaire - un policier - un marchand
③ une pétarade - un pavé - un crissement - un vacarme - une sirène
④ une parfumerie - une poissonnerie - une avenue - une épicerie
⑤ un immeuble - une tour - une résidence - un cargo - un gratte-ciel

Comment as-tu réussi ?

★★★ **Écris** chaque nom dans le bon cadre. Aide-toi de l'imagier.

un restaurant - un opéra - un cinéma - un tramway - une auberge - un bus
une pâtisserie - un taxi - un théâtre - un musée - un café - un métro

Comment se déplacer ?	Comment se distraire ?	Où manger ?
....	....	....
....	....	....
....	....	....
....	....	....

Comment as-tu réussi ?

Objectif 3 : J'apprends à construire des mots.

★ **Relie** les mots de la même famille.

piéton • • postal
transport • • restaurateur
restaurant • • piétonnier
lampe • • ruelle
rue • • transporter
poste • • lampadaire

Comment as-tu réussi ?

★★ **Écris** chaque mot dans la bonne colonne.

bordé - marchand - animé - touriste - route

....	....	....	....	....
animation	routier	tourisme	bord	marchande
animateur	routard	touristique	bordure	marchandise
inanimé	dérouter	cyclotourisme	déborder	marchander

Comment as-tu réussi ?

★★★ **Complète** les tableaux en suivant les exemples.

un costum**ier** → un costum**e**

- un policier → la ....
- un postier → la ....
- un coursier → la ....
- un serrurier → la ....
- un écolier → une ....

un violon**iste** → un violon

- un fleuriste → une ....
- un journaliste → un ....
- un artiste → l' ....
- un dentiste → une ....
- un bouquiniste → un ....

Comment as-tu réussi ?

Objectif 4 : Je comprends les contraires.

★ **Relie** les contraires.

acheter • • rétrécir
charger • • autoriser
élargir • • décharger
avancer • • reculer
interdire • • vendre

Comment as-tu réussi ?

★★ **Écris** chaque adjectif contraire dans la bonne phrase.

large - bruyant - dégagées - privé - calme

- Le centre-ville est **animé**. → Le centre-ville est ....
- Ce jardin est **public**. → Ce jardin est ....
- Les rues sont **encombrées**. → Les rues sont ....
- Ce quartier est **silencieux**. → Ce quartier est ....
- L'entrée de ce parking est **étroite**. → L'entrée de ce parking est ....

Comment as-tu réussi ?

★★ **Écris** chaque mot contraire dans la bonne phrase.

modernes - loin - baissait - bien - grands

- Le commerçant **levait** le rideau de fer de son magasin.
  → Le commerçant .... le rideau de fer de son magasin.
- Paul habite dans un quartier situé **près** du centre-ville.
  → Paul habite dans un quartier situé .... du centre-ville.
- L'impasse qui mène à mon immeuble est **mal** éclairée.
  → L'impasse qui mène à mon immeuble est .... éclairée.
- Les boulevards étaient bordés de **petits** immeubles **anciens**.
  → Les boulevards étaient bordés de .... immeubles ....

Comment as-tu réussi ?

Objectif 5 : Je comprends les synonymes.

LA VILLE

★ **Entoure** le mot qui peut remplacer le mot en bleu dans chaque colonne.

un lampadaire	stationner	un piéton	un jardin public	un boulevard
une torche	se garer	un chauffeur	un parking	un fleuve
une bougie	démarrer	un motard	un square	un trottoir
un réverbère	accélérer	un passant	un musée	une avenue

Comment as-tu réussi ?

★★ **Retrouve** les paires de synonymes. **Écris-les** dans les cadres.

une marchande   un jardin   une impasse   une commerçante
un carrefour   une voie sans issue un croisement   un parc

....	....		....	....
....	....		....	....

Comment as-tu réussi ?

★★★ **Écris** chaque mot dans la bonne phrase.

se promener - se pressent - contravention - lavent - étonnée

◆ Le matin, les ouvriers **nettoient** les trottoirs.
  → Le matin, les ouvriers .... les trottoirs.

◆ Gilles a une **amende** car il n'a pas mis d'argent dans le parcmètre.
  → Gilles a une .... car il n'a pas mis d'argent dans le parcmètre.

◆ Le soir, les gens **se dépêchent** de regagner leur domicile.
  → Le soir, les gens .... de regagner leur domicile.

◆ À New York, Jasmine a été **surprise** par la hauteur des gratte-ciel.
  → À New York, Jasmine a été .... par la hauteur des gratte-ciel.

◆ Naïs aime **marcher** dans les rues de sa ville.
  → Naïs aime .... dans les rues de sa ville.

Comment as-tu réussi ?

Objectif 6 : J'apprends à ranger les mots par ordre alphabétique.

| a | c | e | g | i | k | m | o | q | r | s | t | u | v | w | x | y | z |

★ **Entoure** les suites de lettres qui sont rangées dans l'ordre alphabétique.

r - s - t - u	o - p - q - r
h - a - y - z	v - w - x - y
b - c - d - m	d - c - b - a
l - j - v - k	f - g - j - h

Comment as-tu réussi ?

★★ **Complète** les suites de lettres selon l'ordre alphabétique.

.... - f - .... -	.... - .... - y -	.... - .... - p - ....
.... - .... - t -	.... - .... - .... - h	s - .... - .... - ....
.... - .... - .... - n	u - .... - .... -	i - .... - .... - ....
a - .... - .... -	.... - .... - w -	.... - .... - .... - k

Comment as-tu réussi ?

★★★ **Range** les noms dans l'ordre alphabétique dans chaque cadre.

trottoir - boulevard - voie passage - marché	ville - rue - voiture - impasse périphérique

Comment as-tu réussi ?

Objectif 7 : Je mémorise les mots que j'ai appris.

★ **Relie** chaque mot à sa définition.

un gratte-ciel • • C'est une grande avenue.

un kiosque • • C'est un appareil qui sert à éclairer.

un lampadaire • • C'est un immeuble très, très haut.

un boulevard • • C'est une plaque qui porte des inscriptions.

un panneau • • C'est une petite construction que l'on trouve sur les trottoirs des villes et dans les jardins publics.

Comment as-tu réussi ?

★★ **Écris** chaque mot dans la bonne phrase.

voie - boulevards - université - banlieue - impasse

- Après le lycée, Léna ira à l' .... pour étudier l'espagnol.
- Anne a dû faire demi-tour car elle était dans une ....
- Les grands .... de Paris attirent de nombreux touristes.
- Cette dame a acheté une maison dans la .... de Londres.
- Les voitures n'ont pas le droit de rouler sur la .... de circulation des bus.

Comment as-tu réussi ?

★★ **Complète** le texte avec les mots de la liste.

taxi - musée - restaurant - kiosque - touristique - public - piétonnes

Pour visiter Paris, Valentin a acheté un guide .... Il s'est promené dans les rues ...., puis il est entré dans un jardin .... où des musiciens, installés dans un .... à musique, jouaient du jazz. Il s'est ensuite rendu dans un .... pour déjeuner. L'après-midi, il a visité le .... du Louvre. Sa visite terminée, il a pris un .... pour regagner son hôtel.

Comment as-tu réussi ?

LA VILLE

7. Les transports

un cargo	un canot	un paquebot	une péniche
un ferry-boat	un hydravion	un voilier	un hélicoptère
une fusée	un tricycle	un scooter	une bicyclette
un autocar	un tramway	un métro	un train
une camionnette	un poids lourd	une ambulance	un carrosse
embarquer	débarquer	décoller	atterrir

Objectif 1 : J'enrichis mon vocabulaire.

★ **Relie** chaque nom à sa définition. Aide-toi de l'imagier.

un cargo • • C'est un véhicule volant qui a une grande hélice.

un paquebot • • C'est un véhicule qui a deux roues et un moteur.

un tramway • • C'est un gros bateau qui transporte des passagers.

un scooter • • C'est un navire qui transporte des marchandises.

un hélicoptère • • C'est un véhicule qui roule sur des rails.

Comment as-tu réussi ?

★★ **Complète** les définitions avec les noms de la liste.

hydravion - métro - poids lourd - train - péniche

- Une locomotive et des wagons forment un ....
- Un gros camion est un ....
- Un avion qui se pose sur l'eau se nomme un ....
- Un long bateau à fond plat qui navigue sur les fleuves s'appelle une ....
- Un moyen de transport, qui circule en général sous la terre dans les villes, se nomme un ....

Comment as-tu réussi ?

★★★ **Complète** les phrases avec les mots de la liste. Aide-toi de l'imagier.

bicyclette - carrosse - ferry-boat - a décollé - atterrira - ambulances - fusée

- La fée transforma la citrouille en un magnifique ....
- Gilles a installé un compteur sur le guidon de sa ....
- Pour aller en Angleterre, nous avons mis notre voiture sur le ....
- Les astronautes viennent d'entrer dans la ....
- L'avion .... de New York à midi et .... à Paris à une heure.
- Plusieurs .... se sont rendues sur le lieu de l'accident.

Comment as-tu réussi ?

Objectif 2 : J'apprends à catégoriser.

LES TRANSPORTS

★ **Relie** chaque nom à la boîte qui lui correspond.

un avion •   • un paquebot
un navire •   • dans les airs •   • une motocyclette
un hélicoptère •   • un tramway
                • sur l'eau •   • un autocar
un camion •
une bicyclette •   • sur la terre •   • une fusée
un métro •   • une péniche

Comment as-tu réussi ?

★★ **Barre** l'intrus dans chaque ligne. Aide-toi de l'imagier.

① le cargo - la péniche - le vélo - le paquebot
② la voiture - le taxi - une pédale - l'autobus - le camion
③ la gare - les rails - le train - le passage à niveau - la bicyclette
④ le métro - le tramway - l'autobus - l'hélicoptère - l'autocar
⑤ la moto - la bicyclette - la mobylette - le camion - le scooter
⑥ le pilote - le chauffeur - le boucher - le conducteur - le routier

Comment as-tu réussi ?

★★ **Écris** chaque nom dans le bon cadre.

une selle - une portière - un pare-brise - un porte-bagages - des essuie-glaces
un pédalier - un capot - un volant - des poignées de frein - un guidon

voiture	vélo
....	....
....	....
....	....
....	....
....	....

Comment as-tu réussi ?

Objectif 3 : J'apprends à construire des mots.

★ **Relie** les mots de la même famille.

freiner • • un remorquage
piloter • • un démarrage
démarrer • • un pilotage
atterrir • • un freinage
décoller • • un décollage
remorquer • • un atterrissage

Comment as-tu réussi ?

★★ **Barre** l'intrus dans chaque ligne.

❶ un pilote | piloter - le pilotage - pilotable - une péniche - un copilote

❷ un vélo | un vélomoteur - un vélodrome - un voilier - le vélocross

❸ une bicyclette | un cycliste - le cyclisme - un tricycle - un cyclone

❹ une automobile | un autobus - une route - un autocar - une automobiliste

❺ un transport | un transporteur - un tramway - transporter - transportable

Comment as-tu réussi ?

★★ **Écris** des mots en utilisant ment comme dans les exemples.

Du verbe au nom	De l'adjectif à l'adverbe
charger → un chargement	rapide → rapidement
• embarquer →	• lente → ....
• débarquer →	• légère → ....
• crisser →	• lourde → ....
• dépasser →	• silencieuse → ....

Comment as-tu réussi ?

LES TRANSPORTS

Objectif 4 : Je comprends les contraires.

★ **Relie** les contraires.

ralentir • • partir
atterrir • • débarquer
arriver • • accélérer
embarquer • • décoller
monter • • descendre

Comment as-tu réussi ?

★★ **Écris** chaque verbe contraire dans la bonne phrase.

s'abaisser - détache - freiné - atterrir - déchargeaient

- Lou **attache** sa ceinture. → Lou .... sa ceinture.
- L'automobiliste a **accéléré**. → L'automobiliste a ....
- La barrière du passage à niveau vient de **se lever**.
  → La barrière du passage à niveau vient de ....
- Les hommes **chargeaient** les marchandises.
  → Les hommes .... les marchandises.
- L'avion va **décoller**. → L'avion va ....

Comment as-tu réussi ?

★★ **Écris** chaque mot contraire dans la bonne phrase.

a refusé - le départ - s'éloigne - inconfortables - de retard

- L'hôtesse annonce **l'arrivée** de l'avion.
  → L'hôtesse annonce .... de l'avion.
- Le paquebot **s'approche** du quai. → Le paquebot .... du quai.
- Ces sièges sont **confortables**. → Ces sièges sont ....
- L'avion Brest-Paris atterrit souvent avec un peu **d'avance**.
  → L'avion Brest-Paris atterrit souvent avec un peu ....
- Le chauffeur de taxi **a accepté** de prendre ma grosse malle.
  → Le chauffeur de taxi .... de prendre ma grosse malle.

Comment as-tu réussi ?

Objectif 5 : Je comprends les synonymes.

★ **Entoure** le mot qui peut remplacer le mot en bleu dans chaque colonne.

un bateau	un camion	un autocar	un aéroport	un vélo
un quai	une voiture	un cargo	un avion	un scooter
un navire	une moto	un train	un aérodrome	une bicyclette
un port	un poids lourd	un car	une piste	une moto

Comment as-tu réussi ?

★★ **Retrouve** les paires de synonymes. **Écris-les** dans les cadres.

un conducteur   un voyageur   un poids lourd   un navire
un bateau   un camion   un chauffeur   un passager

Comment as-tu réussi ?

★★★ **Écris** chaque mot dans la bonne phrase.

habitent - camionnette - routier - Autrefois - circule

- Le plombier nettoie sa **fourgonnette**.
  → Le plombier nettoie sa ....
- Les amis de mes parents **vivent** sur une péniche.
  → Les amis de mes parents .... sur une péniche.
- **Jadis**, les gens voyageaient en diligence.
  → .... les gens voyageaient en diligence.
- Le **chauffeur** se repose sur une aire de l'autoroute.
  → Le .... se repose sur une aire de l'autoroute.
- Le tramway **se déplace** sur des rails. → Le tramway .... sur des rails.

Comment as-tu réussi ?

Objectif 6 : J'apprends à ranger les mots par ordre alphabétique.

| b | c | e | g | h | j | k | l | n | o | q | r | t | v | x | y | z |

⭐ **Complète** les suites de lettres selon l'ordre alphabétique.

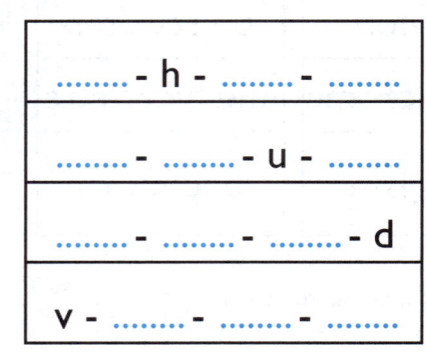

..... - h - ..... -	..... - ..... - r -	..... - ..... - y - .....
..... - ..... - u -	..... - ..... - ..... - j	e - ..... - ..... - .....
..... - ..... - ..... - d	i - ..... - ..... -	l - ..... - ..... - .....
v - ..... - ..... -	..... - ..... - w -	..... - ..... - ..... - f

Comment as-tu réussi ?

⭐⭐ **Range** chaque groupe de syllabes selon l'ordre alphabétique.

ma - mu - me	..... - ..... -	sy - su - so	..... - ..... - .....
bé - bo - ba	..... - ..... -	co - ca - cu	..... - ..... - .....
ri - ré - ru	..... - ..... -	bru - bri - bra	..... - ..... - .....

Comment as-tu réussi ?

⭐⭐ **Range** les noms dans l'ordre alphabétique dans chaque cadre.

voiture - vélo - avion - bateau navire - camion	fusée - frein - feu - freiner

Comment as-tu réussi ?

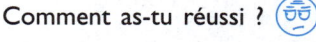

Objectif 7 : Je mémorise les mots que j'ai appris.

★ Relie chaque mot à la phrase qui lui correspond.

un carrosse • • C'est un bateau qui transporte des passagers et des voitures.

embarquer • • C'est quitter le sol.

une fusée • • C'est une voiture tirée par des chevaux.

un ferry-boat • • C'est monter à bord.

décoller • • C'est un véhicule spatial.

Comment as-tu réussi ?

★★ Écris chaque mot dans la bonne phrase.

bus - hélicoptère - fusée - paquebot - hydravion

◆ J'ai vu un .... se poser sur le lac.

◆ Mon ami s'est blessé en montagne et il a été transporté à l'hôpital en ....

◆ Tous les lundis nous allons à la piscine en ....

◆ Tintin est allé sur la Lune grâce à la .... construite par le Professeur Tournesol.

◆ Cet été, nous ferons une croisière sur un ....

Comment as-tu réussi ?

★★ Complète chaque série avec les noms proposés.

une péniche - un avion - un train - un tramway - une bicyclette - un bateau

❶ des gares - des rails - des quais - ....

❷ des ports - des quais - la mer - ....

❸ des pilotes - des pistes - des aéroports - ....

❹ un porte-bagages - des pédales - un guidon - ....

❺ des rails - des villes - circule dans les rues - ....

❻ un fond plat - des fleuves - des cargaisons - ....

Comment as-tu réussi ?

8. Le corps humain

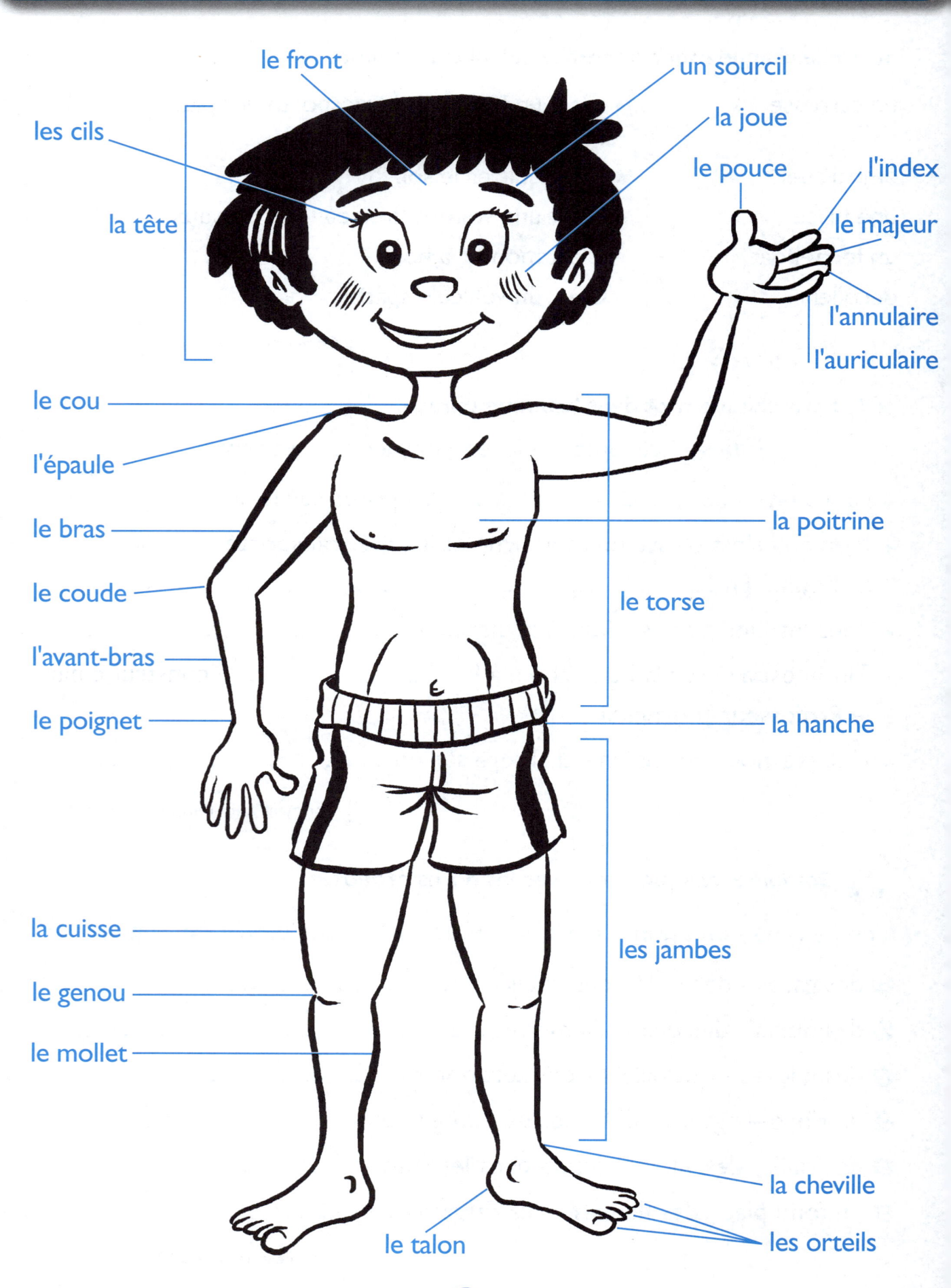

- le front
- un sourcil
- la joue
- le pouce
- l'index
- le majeur
- l'annulaire
- l'auriculaire
- les cils
- la tête
- le cou
- l'épaule
- le bras
- le coude
- l'avant-bras
- le poignet
- la poitrine
- le torse
- la hanche
- la cuisse
- le genou
- le mollet
- les jambes
- la cheville
- le talon
- les orteils

Objectif 1 : J'enrichis mon vocabulaire.

★ **Relie** chaque nom à sa définition. Aide-toi de l'imagier.

le torse •	• Cela veut dire que les cheveux sont en désordre.
la cuisse •	• C'est l'ensemble des os du corps.
ébouriffé •	• C'est la partie de la jambe entre le genou et la hanche.
cligner •	• C'est ouvrir et fermer rapidement les yeux.
le squelette •	• C'est la partie du corps formée par les épaules, la poitrine et le ventre.

Comment as-tu réussi ?

★★ **Complète** les définitions avec les noms de la liste.

articulations - châtains - nuque - essoufflé - contemple

- Quand on a fait un effort et qu'on a du mal à respirer, on est ....
- La partie arrière du cou se nomme la ....
- Les cheveux qui ont la couleur brune de la châtaigne sont ....
- Les parties du corps qui permettent les mouvements se nomment des ....
- Quand on regarde, quand on observe attentivement, on ....

Comment as-tu réussi ?

★★★ **Complète** les phrases avec les mots de la liste. Aide-toi de l'imagier.

index - ouïe - handicapés - vue - phalanges - majeur

- Les noms des cinq doigts sont : le pouce, l'................., le ...., l'annulaire et l'auriculaire.
- Les cinq sens sont : le goût, l'odorat, le toucher, la .... et l'................. .
- Le pouce a deux ....
- Dans notre école on a installé un ascenseur pour permettre aux élèves .... de monter dans les classes.

Comment as-tu réussi ?

LE CORPS HUMAIN

Objectif 2 : J'apprends à catégoriser.

★ **Relie** chaque nom à la boîte qui lui correspond.

le poignet •		• le genou
le talon •	**les jambes** *membres inférieurs* •	• la cuisse
l'avant-bras •		• les orteils
l'épaule •		• le pouce
le pied •	**les bras** *membres supérieurs* •	• la main
le coude •		• la cheville

Comment as-tu réussi ?

★★ **Écris** chaque nom dans la bonne colonne.

la main - la bouche - le torse - les articulations - l'œil

....	....	....	....	....
la salive	la paupière	le genou	les doigts	le ventre
le palais	la pupille	le poignet	la paume	la poitrine
des dents	l'iris	le coude	les phalanges	le nombril
la langue	les cils	la cheville	l'index	le dos

Comment as-tu réussi ?

★★ **Écris** chaque mot dans le bon cadre.

un parfum - les yeux - une odeur - une senteur - l'obscurité - le nez
regarder - sentir - contempler - apercevoir - aveugle - odorant

la vue	l'odorat
....	....
....	....
....	....
....	....
....	....

Comment as-tu réussi ?

64

> Objectif 3 : J'apprends à construire des mots.

★ **Relie** les mots de la même famille.

chevelure • • dentaire
corps • • squelettique
dent • • chevelu
muscle • • osseux
squelette • • corporel
os • • musculaire

Comment as-tu réussi ?

★★ **Barre** l'intrus dans chaque ligne.

❶ bras embrasser - une brassée - une brassière - un brassard - brun
❷ ventre ventru - ventral - un ventricule - ventripotent - vendredi
❸ odorat odorant - une odeur - une otite - malodorant
❹ coude s'accouder - un accoudoir - le cou - une coudière
❺ dent la dentition - un dentifrice - un dentiste - un dentier - dénudé
❻ os un ossement - désosser - une oreille - osseuse - une ossature

Comment as-tu réussi ?

★★★ **Écris** des mots en utilisant ation et u comme dans les exemples.

Du verbe au nom

respirer → la respiration

- articuler → l'...........................
- circuler → la ....
- inspirer → l'...........................
- transpirer → la ....
- cicatriser → la ....

Du nom à l'adjectif

le ventre → ventru

- la tête → ....
- la barbe → ....
- la bosse → ....
- la moustache → ....
- un poil → ....

Comment as-tu réussi ?

LE CORPS HUMAIN

Objectif 4 : Je comprends les expressions.

★ **Relie** chaque expression au sens qui lui correspond.

avoir l'eau à la bouche • • avoir du chagrin

avoir les cheveux en bataille • • avoir envie de manger ou de boire

avoir le cœur gros • • avoir les cheveux ébouriffés

avoir les paupières lourdes • • avoir sommeil

Comment as-tu réussi ?

★★ **Écris** chaque nom dans la bonne phrase.

bras - main - jambes - barbe - tête - langue

◆ S'enfuir à toute vitesse, c'est s'enfuir à toutes ....

◆ Demander la réponse, c'est donner sa .... au chat.

◆ Être paresseux, c'est avoir un poil dans la ....

◆ Rester sans rien faire, c'est rester les .... croisés.

◆ Être rêveur, c'est avoir la .... dans les nuages.

Comment as-tu réussi ?

★★★ **Écris** chaque nom dans la bonne phrase.

oreille - cœur - cou - ventre - langue - doigts

◆ Alexis a pris plus de nourriture qu'il pouvait en manger, il a eu les yeux plus gros que le ....

◆ Boucle d'or a eu très peur, elle s'est enfuie en prenant ses jambes à son ....

◆ Anna est très bavarde, elle a la .... bien pendue.

◆ Samir est généreux, il a le .... sur la main.

◆ Léna est très adroite, elle a des .... de fée.

◆ Valentin n'a pas obéi quand son père lui a demandé de ranger sa chambre, il a fait la sourde ....

Comment as-tu réussi ?

Objectif 5 : Je comprends les homonymes.

★ **Relie** chaque phrase à la définition qui correspond au nom souligné.

Cette **bouche** de métro est fermée. • • elle se trouve au-dessus du menton

J'ai la **bouche** pleine. • • une partie de la bouche

Le roi vit dans un **palais**. • • une grande et magnifique demeure

Je me suis brûlé le **palais**. • • l'entrée du métro

Comment as-tu réussi ?

★★ **Relie** chaque phrase au nom qui lui correspond. Puis **écris** ce nom dans la phrase. Aide-toi de l'imagier.

Tu dois mettre un .... d'interrogation à la fin de la question. •

• point •
• poing •

• Le boxeur donne un coup de ....

Elle portait un magnifique bracelet à son .... •

• poignée •
• poignet •

• La .... de la porte est cassée.

Aline a noué une écharpe autour de son .... •

• coup •
• cou •

• Jack donna un grand .... de hache sur la tige du haricot.

Comment as-tu réussi ?

★★★ **Écris** le nom qui correspond à la phrase. Aide-toi de l'imagier.

dent dans	nez né
◆ Julien a une .... cariée.	◆ Gabriel est .... le dix janvier.
◆ Émilie range les valises .... le coffre de la voiture.	◆ Marie est enrhumée, son .... coule.

sang cent

◆ Pierre a .... euros dans sa tirelire.

◆ Le cœur fait circuler le .... dans notre corps.

Comment as-tu réussi ?

LE CORPS HUMAIN

Objectif 6 : J'apprends à ranger les mots par ordre alphabétique.

| a | | d | | g | h | | | m | n | o | p | q | r | | | v | w | x | y | |

★ **Range** chaque groupe de syllabes dans l'ordre alphabétique.

ar - al - ak	.... - .... - ....
os - ys - es	.... - .... - ....
xa - ax - al	.... - .... - ....

lan - lon - lin	.... - .... - ....
cli - clé - clu	.... - .... - ....

Comment as-tu réussi ?

★★ **Range** les noms dans l'ordre alphabétique.

bras - squelette - articulation	....
jambe - genou - cheville	....
phalange - oreille - nez	....
front - visage - cheveu	....
poignet - index - œil	....

Comment as-tu réussi ?

★★★ **Range** les noms dans l'ordre alphabétique dans chaque cadre.

oreille - cheveu - cheville - orteil coude - œil - cou	mollet - phalange - pied - menton poignet - main - paupière

Comment as-tu réussi ?

68

Objectif 7 : Je mémorise les mots que j'ai appris.

★ **Relie** chaque mot à la phrase qui lui correspond.

un handicap •   • C'est le sens qui nous permet d'entendre.
la transpiration •   • C'est une écorchure.
l'ouïe •   • C'est de la sueur qui coule.
les phalanges •   • C'est l'impossibilité de faire certaines choses.
une égratignure •   • Ce sont les os des doigts et des orteils.

Comment as-tu réussi ?

★★ **Écris** chaque mot dans la bonne phrase.

cligner - articulation - orteils - muscler - ébouriffé

◆ Nos pieds en ont cinq chacun : les ....
◆ Le vent a .... mes cheveux.
◆ Les éclairs des flashes lui faisaient .... les paupières.
◆ Pour se .... il faut faire du sport.
◆ L' .... qui relie le bras au torse se nomme l'épaule.

Comment as-tu réussi ?

★★★ **Retrouve** les mots cachés et écris-les dans les phrases.

O	N	G	L	E	G	E	N	O	U
E	S	S	O	U	F	F	L	É	Q
C	I	L	S	K	T	O	R	S	E
S	Q	U	E	L	E	T	T	E	W
N	E	Z	N	U	Q	U	E	C	O
C	H	Â	T	A	I	N	S	K	Q

Antoine a grimpé les escaliers à toute allure, à présent il est ....

L'organe de l'odorat se nomme le ....

L'articulation située entre la cuisse et la jambe se nomme le ....

Les .... bordent les paupières.

Quelques os du .... d'un homme préhistorique ont été découverts dans une grotte.

Juliette a les cheveux ....

Comment as-tu réussi ?

9. Les sports

la boxe
- un casque
- un protège-dents
- des gants
- un ring

le golf
- un club de golf
- une balle

l'escrime
- un masque
- une épée

l'équitation
- une bombe
- une cravache
- un box
- une selle

le judo
- un kimono
- une ceinture
- un tatami

le hockey sur glace
- une crosse
- un palet
- des genouillères
- des patins

Objectif 1 : J'enrichis mon vocabulaire.

LES SPORTS

★ **Relie** chaque nom à sa définition.

l'équitation • • pratiqué dans ou sur l'eau

nautique • • personne qui soutient et encourage une équipe sportive

collectif • • en équipe

arbitrer • • sport qui se pratique à cheval

un supporter • • faire respecter les règles du jeu

Comment as-tu réussi ?

★★ **Complète** les définitions avec les noms de la liste.

stade - se qualifier - l'athlétisme - martiaux - olympiques

- Réussir des épreuves pour continuer la compétition, c'est ....
- Quand on pratique la course, on fait de ....
- Le judo, le karaté et l'aïkido sont des arts ....
- Les jeux .... se déroulent tous les quatre ans.
- Un terrain de sports entouré de gradins et de tribunes se nomme un ....

Comment as-tu réussi ?

★★ **Complète** les phrases avec les mots de la liste. Aide-toi de l'imagier.

tournoi - ring - record - escrime - crosse - golf

- Pour pratiquer le hockey, Paul a acheté des gants, une .... et des patins.
- Julie veut faire de l'..................... : elle hésite entre l'épée ou le sabre.
- Léa met ses clubs et ses balles dans son sac pour aller jouer au ....
- Les deux boxeurs s'échauffent sur le .... avant le match.
- La semaine prochaine, Nervine participera à un .... de basket.
- Cet athlète vient de battre le .... du monde du saut en hauteur.

Comment as-tu réussi ?

Objectif 2 : J'apprends à catégoriser.

★ **Relie** chaque sport à la boîte qui lui correspond.

la course à pied •
le football •
le judo •
l'escalade •
le ping-pong •
le basket •

• sports se pratiquant avec une balle ou un ballon •

• sports se pratiquant sans balle ni ballon •

• le rugby
• la natation
• le ski
• le volley
• le saut à la perche
• le tennis

Comment as-tu réussi ?

★★ **Écris** chaque nom dans la bonne colonne.

l'équitation - le tennis - le tir à l'arc - le judo - la gymnastique

....	....	....	....	....
un kimono	des flèches	un tapis	une cravache	un filet
un tatami	une cible	une poutre	une bombe	une raquette
un combat	un archer	un jury	une selle	des sets
un adversaire	viser	des barres	monter	des arbitres

Comment as-tu réussi ?

★★ **Écris** chaque nom dans le bon cadre.

le tennis - l'aviron - le surf - l'équitation - l'athlétisme
le plongeon - le ski nautique - le cyclisme

sports se pratiquant sur l'eau	sports se pratiquant sur terre
....	....
....	....
....	....
....	....

Comment as-tu réussi ?

Objectif 3 : J'apprends à construire des mots.

★ **Relie** les mots de la même famille.

un arbitre • • la gymnastique
un champion • • l'escrime
un athlète • • le cyclisme
un escrimeur • • un championnat
un cycliste • • un arbitrage
un gymnaste • • l'athlétisme

Comment as-tu réussi ?

★★ **Barre** l'intrus dans chaque ligne.

1. sport | sportif - sportivement - portique - sportive
2. compétition | compétitif - compter - compétiteur - compétitrice
3. chronomètre | chronométrer - chronométrage - horloge
4. collectif | collectivité - collage - collectivement - collective
5. individuel | individu - individualiser - invalide - individuellement

Comment as-tu réussi ?

★★★ **Écris** des mots en utilisant ive et eur ou euse comme dans les exemples.

ive : sport if → sport ive

• collectif → .... • actif → ....

• attentif → .... • défensif → ....

eur euse : le golf → un golf eur → une golf euse

• le patin → .... → ....

• le ski → .... → ....

• le surf → .... → ....

• le football → .... → ....

Comment as-tu réussi ?

LES SPORTS

Objectif 4 : Je comprends les contraires.

⭐ **Relie** les contraires.

adroit • • déconcentré
concentré • • disqualifié
capable • • incontrôlable
qualifié • • maladroit
contrôlable • • incapable

Comment as-tu réussi ?

⭐⭐ **Écris** chaque verbe contraire dans la bonne phrase.

retire - accélère - raté - finit - éliminé

◆ Le match **débute** à vingt heures. ➜ Le match .... à vingt heures.
◆ Le joueur a été **qualifié**. ➜ Le joueur a été ....
◆ Il **a réussi** son lancer. ➜ Il a .... son lancer.
◆ Le cycliste **ralentit**. ➜ Le cycliste ....
◆ Le surfeur **enfile** sa combinaison. ➜ Le surfeur .... sa combinaison.

Comment as-tu réussi ?

⭐⭐ **Écris** chaque mot contraire dans la bonne phrase.

victoire - annulé - vides - impraticable - a recruté - premier

◆ Ce soir-là, les gradins étaient **bondés**.
  ➜ Ce soir-là, les gradins étaient ....
◆ Le président **a renvoyé** plusieurs joueurs.
  ➜ Le président .... plusieurs joueurs.
◆ La **défaite** de l'équipe a déçu les supporters.
  ➜ La .... de l'équipe a réjoui les supporters.
◆ Le skieur qui part le **dernier** est avantagé.
  ➜ Le skieur qui part le .... est avantagé.
◆ Le match a été **maintenu** car le terrain était **praticable**.
  ➜ Le match a été .... car le terrain était ....

Comment as-tu réussi ?

LES SPORTS

Objectif 5 : Je comprends les homonymes.

★ **Relie** chaque phrase à la définition qui correspond au nom souligné.

Après la victoire, ils ont reçu une **coupe**.

J'ai bu une **coupe** de champagne.

Pour tirer à l'arc, il faut beaucoup d'**adresse**.

L'**adresse** sur l'enveloppe était fausse.

- un verre
- une récompense
- l'endroit où on habite
- l'habileté

Comment as-tu réussi ?

★★ **Relie** chaque phrase au nom qui lui correspond. Puis **écris** ce nom dans la phrase.

La .... protège la tête du cavalier.

Le réfrigérateur est vide, il faut aller faire des ....

Le skieur enfile sa ....

- bombe
- combinaison
- courses

Pour ouvrir le coffre-fort, il faut en connaître la ....

Ils ont désamorcé la ....

Tom aime regarder les .... automobiles.

Comment as-tu réussi ?

★★★ **Écris** le nom qui correspond à la phrase. Aide-toi de l'imagier.

boxe | **box**

- Le poney d'Anaïs est dans son ....
- Jérôme aime la ....

selle | **sel**

- Léa met du .... dans le potage.
- Le cavalier pose la .... sur le dos du cheval.

saut | **seau**

- Manon joue dans le sable avec son ...., sa pelle et son râteau.
- Lise veut faire du .... en hauteur.

Comment as-tu réussi ?

LES SPORTS

Objectif 6 : J'apprends à ranger les mots par ordre alphabétique.

| | | d | e | f | g | h | i | | k | l | | | q | r | | | v | w | | z |

★ **Range** chaque groupe de syllabes dans l'ordre alphabétique.

blo - bla - bli	.... - .... -	doit - droi - doul	.... - .... - ....
fry - fré - fru	.... - .... -	troi - troy - trou	.... - .... - ....
pour - poul - pous	.... - .... -		

Comment as-tu réussi ?

★★ **Range** les noms dans l'ordre alphabétique.

boxe - bowling - basket	....
course - canoë - cyclisme	....
rugby - ring - raquette	....
archer - adversaire - arbitre	....

Comment as-tu réussi ?

★★ **Range** les noms dans l'ordre alphabétique dans chaque cadre.

marathon - stade - supporter
match - martiaux - sportif

....
....
....
....
....
....

cavalier - tournoi - tatami
tennis - crosse - club

....
....
....
....
....
....

Comment as-tu réussi ?

76

> **Objectif 7 : Je mémorise les mots que j'ai appris.**

★ **Relie** chaque nom à la phrase qui lui correspond.

un ring • • C'est une personne qui entraîne les sportifs.
un adversaire • • C'est la personne contre laquelle on joue.
un athlète • • C'est une estrade entourée de cordes où se déroule un combat de boxe.
un entraîneur • • C'est un sportif qui pratique l'athlétisme.

Comment as-tu réussi ?

★★ **Complète** le tableau avec les noms de la liste.

une cycliste - une skieuse - une patineuse - un nageur
un footballeur - le golf - l'escrime - le surf

Nom du sport	Nom du sportif
le football	....
....	un golfeur
la natation	....
....	un surfeur

Nom du sport	Nom de la sportive
le patinage	....
....	une escrimeuse
le cyclisme	....
le ski	....

Comment as-tu réussi ?

★★★ **Lis** le texte sur le golf. Puis **complète** l'autre texte avec les mots de la liste.

Le golf : Marie a décidé d'apprendre à jouer au **golf**. Hier, elle a acheté l'équipement : **une série de clubs**, **un chariot**, **un gant** et **des balles**. Aujourd'hui, elle a rendez-vous sur le **terrain de golf** avec **le professeur** pour sa **première leçon**.

Le hockey : à la patinoire, l'entraîneur, une crosse, son premier cours, un casque, des patins, des genouillères

Marie a décidé d'apprendre à jouer au .... Hier, elle a acheté l'équipement : ...., ..., ... et .... .Aujourd'hui, elle a rendez-vous .... avec .... pour ....

Comment as-tu réussi ?

GRILLES DE SUIVI

↪ *Colorie le visage correspondant au résultat que tu as obtenu.*

	★	★★	★★★
Objectif 1 : J'enrichis mon vocabulaire.			
1 La musique	☹ 😐 😊	☹ 😐 😊	☹ 😐 😊
2 Les animaux	☹ 😐 😊	☹ 😐 😊	☹ 😐 😊
3 Le jardin	☹ 😐 😊	☹ 😐 😊	☹ 😐 😊
4 Les aliments	☹ 😐 😊	☹ 😐 😊	☹ 😐 😊
5 Les paysages	☹ 😐 😊	☹ 😐 😊	☹ 😐 😊
6 La ville	☹ 😐 😊	☹ 😐 😊	☹ 😐 😊
7 Les transports	☹ 😐 😊	☹ 😐 😊	☹ 😐 😊
8 Le corps humain	☹ 😐 😊	☹ 😐 😊	☹ 😐 😊
9 Les sports	☹ 😐 😊	☹ 😐 😊	☹ 😐 😊

	★	★★	★★★
Objectif 2 : J'apprends à catégoriser.			
1 La musique	☹ 😐 😊	☹ 😐 😊	☹ 😐 😊
2 Les animaux	☹ 😐 😊	☹ 😐 😊	☹ 😐 😊
3 Le jardin	☹ 😐 😊	☹ 😐 😊	☹ 😐 😊
4 Les aliments	☹ 😐 😊	☹ 😐 😊	☹ 😐 😊
5 Les paysages	☹ 😐 😊	☹ 😐 😊	☹ 😐 😊
6 La ville	☹ 😐 😊	☹ 😐 😊	☹ 😐 😊
7 Les transports	☹ 😐 😊	☹ 😐 😊	☹ 😐 😊
8 Le corps humain	☹ 😐 😊	☹ 😐 😊	☹ 😐 😊
9 Les sports	☹ 😐 😊	☹ 😐 😊	☹ 😐 😊

	★	★★	★★★
Objectif 3 : J'apprends à construire des mots.			
① La musique	☹ 😐 😊	☹ 😐 😊	☹ 😐 😊
② Les animaux	☹ 😐 😊	☹ 😐 😊	☹ 😐 😊
③ Le jardin	☹ 😐 😊	☹ 😐 😊	☹ 😐 😊
④ Les aliments	☹ 😐 😊	☹ 😐 😊	☹ 😐 😊
⑤ Les paysages	☹ 😐 😊	☹ 😐 😊	☹ 😐 😊
⑥ La ville	☹ 😐 😊	☹ 😐 😊	☹ 😐 😊
⑦ Les transports	☹ 😐 😊	☹ 😐 😊	☹ 😐 😊
⑧ Le corps humain	☹ 😐 😊	☹ 😐 😊	☹ 😐 😊
⑨ Les sports	☹ 😐 😊	☹ 😐 😊	☹ 😐 😊

	★	★★	★★★
Objectif 4 : Je comprends les homonymes.			
① La musique	☹ 😐 😊	☹ 😐 😊	☹ 😐 😊
⑤ Les paysages	☹ 😐 😊	☹ 😐 😊	☹ 😐 😊
Objectif 4 : Je comprends les expressions.			
② Les animaux	☹ 😐 😊	☹ 😐 😊	☹ 😐 😊
⑧ Le corps humain	☹ 😐 😊	☹ 😐 😊	☹ 😐 😊
Objectif 4 : Je comprends les contraires.			
③ Le jardin	☹ 😐 😊	☹ 😐 😊	☹ 😐 😊
④ Les aliments	☹ 😐 😊	☹ 😐 😊	☹ 😐 😊
⑥ La ville	☹ 😐 😊	☹ 😐 😊	☹ 😐 😊
⑦ Les transports	☹ 😐 😊	☹ 😐 😊	☹ 😐 😊
⑨ Les sports	☹ 😐 😊	☹ 😐 😊	☹ 😐 😊

GRILLES DE SUIVI

↪ *Colorie le visage correspondant au résultat que tu as obtenu.*

	★	★★	★★★
Objectif 5 : je comprends les synonymes.			
1. La musique	☺ ☺ ☺	☺ ☺ ☺	☺ ☺ ☺
2. Les animaux	☺ ☺ ☺	☺ ☺ ☺	☺ ☺ ☺
3. Le jardin	☺ ☺ ☺	☺ ☺ ☺	☺ ☺ ☺
4. Les aliments	☺ ☺ ☺	☺ ☺ ☺	☺ ☺ ☺
5. Les paysages	☺ ☺ ☺	☺ ☺ ☺	☺ ☺ ☺
6. La ville	☺ ☺ ☺	☺ ☺ ☺	☺ ☺ ☺
7. Les transports	☺ ☺ ☺	☺ ☺ ☺	☺ ☺ ☺
Objectif 5 : je comprends les homonymes.			
8. Le corps humain	☺ ☺ ☺	☺ ☺ ☺	☺ ☺ ☺
9. Les sports	☺ ☺ ☺	☺ ☺ ☺	☺ ☺ ☺

	★	★★	★★★
Objectif 6 : J'apprends à ranger les mots par ordre alphabétique.			
1. La musique	☺ ☺ ☺	☺ ☺ ☺	☺ ☺ ☺
2. Les animaux	☺ ☺ ☺	☺ ☺ ☺	☺ ☺ ☺
3. Le jardin	☺ ☺ ☺	☺ ☺ ☺	☺ ☺ ☺
4. Les aliments	☺ ☺ ☺	☺ ☺ ☺	☺ ☺ ☺
5. Les paysages	☺ ☺ ☺	☺ ☺ ☺	☺ ☺ ☺
6. La ville	☺ ☺ ☺	☺ ☺ ☺	☺ ☺ ☺
7. Les transports	☺ ☺ ☺	☺ ☺ ☺	☺ ☺ ☺